貝塚茂樹著

孔　子

JN282128

岩　波　新　書

65

目次

日本に現存する孔子の肖像のうちもっとも有名なのは東京湯島聖堂の青銅像で，明の朱舜水が亡命するとき携えてきたと伝えられる．曲阜の孔子廟にある唐代の画家呉道子の作といわれる画像の系統を引いて，がっしりした身体つき，射るような鋭い眼と高い頬骨は，勇士の子で並外れた巨人であり，威あって猛からずと評された孔子の容貌をよく現わしている．

目次

序説

わが国をふくめて、およそ中国を中心とする極東の世界において、孔子の言葉を書き残した『論語』という本ほど長い期間にわたって、広い範囲の読者をもった書物はないであろう。一時的にはこの本より広い範囲の読者を得た本がないわけではなかろうが、孔子が亡くなってから、すでに約二千五百年を経た。『論語』はこの二十五世紀に及ぶ長い期間を通じて、少しも変らず持続して多くの人に読まれ、しかもその読者に深い影響を与えてきたのである。こんなに長く読みつづけられた本は、まず他に類例を見出すことはできないであろう。わたくしたちの祖父の時代までは、『論語』は少しでも学問をしようとする子供たちにとって、必ず読まねばならない唯一の国定教科書であった、といっても言い過ぎではないからである。

『論語』という本は、なぜこんなに広くかつ長く読まれたのであろうか。『論語』は、

子《し》のたまわく、学んで時にこれを習う、また説《よろこ》ばしからずや。朋《とも》あり遠方より来る、また楽しからずや。人知らずして慍《うら》まず、また君子《くんし》ならずや。（学而篇）

という巻頭の文章をはじめとして、おもに子すなわち孔子がさまざまの機会にいろいろの人たちに語った言葉を書きしるした本である。この一番目の孔子の言葉はわずか六句から成った短いものであるが、これは『論語』のなかでは、まずふつうの長さの文章であって、またそのなかには、たとえば一つおいて三番目の、

子のたまわく、巧言令色、鮮《すくな》いかな仁。（同）

というように、たった二句からでき上っているものさえあって、概して非常に短いものばかりである。こんなふうに、孔子が折にふれてもらしたらしい断片的な言葉を集めた格言集であるから、そういうものは、えてして乾燥無味なものになったり、短かすぎて内容のよくわからない、無意味なものになりやすいし、そうでない場合には、奇をてらったり、人の意表を行ったり、寸鉄人をさすというような気の利いた薄っぺらな警句になる恐れが多分にあるはずである。それなのに『論語』という本は、断じてそんな弊に陥るけはいがないどころか、一見平凡に見えながら決して平凡ではなく、読めば読むほど妙味が出てくる書物である。前にかかげた『論語』の開巻第一章の文章について考えてみても、およそ学問の道に志すものの感じる法悦をば、これほど簡潔な言葉で、これほど余韻をもって、しかもこれほどすなおに表現した例は、ちょっとほかの本には発見することが難しいのではないかと感じられる。

こんな一見簡単なようでしかも複雑な意味をもち、しかもそんな深い意味をば、たいへんすなおに言い切っている、この『論語』の言葉の背後には、きっとよほど洗煉された人間が控えているに相違ないと考えられる。孔子の人がらについてはいろいろに評されているが、顔回《がんかい》に次いで孔子からその才を認められた弟子である子貢《しこう》は、師の人がらが温・良・恭・倹・譲の五つの徳をいみじくも具えた、温厚円満なものであったことをたたえている。しかし、この人格の温厚さは、実は子貢のような頭脳明敏で、しかも長年孔子の身近にいて学問を受けた弟子でなければ感得できない。子貢には劣るがやはり高弟の一人である子夏《しか》が、親《しん》炙《しゃ》した孔子の風貌を人間の典型である君子になぞらえて、

君子に三変あり。これを望めば儼然《げんぜん》たり、これに即《つ》けば温かし、その言を聴《き》けば厲《はげ》し。(子張篇)

と回想したように、外面から眺めるといかにも厳格そうに見えているのであるが、親しく接触してみると、孔子自身でもそうありたいと願って、

老者これに安んじ、朋友これを信じ、少者これを懐かしむ。(公冶長篇)

といったように、老人には心から安心され、友だちにはあつく信用され、子供にはすっかりなつかれる温厚な人がらが、はじめてしみじみと感ぜられるのであるが、それだからと気を

許していると、思いもよらないはげしい批判の言葉をちょうだいするのである。

であるから、それほどなじまない弟子たちからは、

子温なれども厲《はげ》しく、威あって猛《たけ》からず、恭《うやうや》しけれど安し。（述而篇）

とも評され、温厚でありながら厳格なところもあり、威風あたりを払っているけれども力にまかせるところは見られないし、礼儀正しくつつしみ深いが、こせこせした点はないというように、一見その言動は全く矛盾した要素を並存させているのであった。孔子の心から信頼していた第一の弟子顔回が、

これを仰げばいよいよ高く、これを鑽《き》ればいよいよ堅く、これを瞻《み》て前にあるかとおもえば、忽焉《こつえん》として後ろにあり。（子罕篇）

と歎息したとおり、孔子の人格は近寄って仰げば仰ぐほど天上高くそびえ立ち、疑義をいだいて意見をただしてみると強い手ごたえを感じる。師の本体をとらえ得たと思った刹那《せつな》に、その姿は消えてなくなってしまう。孔子の人間としての本性は、弟子たちにとってはどうしても測り知ることの許されぬ神秘的な存在である。一見したところでは世間なみの温厚な君子らしいが、たびたび接触すればするほどその高遠さに驚くばかりで、しかも学問だけでなく世故にもたけて、当時の貴族たちの備えねばならなかった芸能をすべて極めつくしている。

要するに、博大をきわめた人間性、それが孔子の特質をなしていたと見られているのである。平凡な外観をしながら、深く考えてみると、いくら汲んでも汲みつくすことのできない滋味をもった『論語』のなかの箴言《しんげん》は、この孔子の博大な人間性から自然ににじみ出てきたものにすぎないのである。『論語』が二千五百年の長い期間多くの読者をひきつけてきた魅力は、何よりも、孔子の言葉のはしばしまであふれ出てくるところの、博大高遠をきわめながら、しかも温厚で親しみやすい人間性にあったと考えるべきであろう。

しかも孔子自身、学説とこれを説く人間との間に深い連関があることに気づいていて、

人よく道を弘《ひろ》む、道の人を弘むるにあらざるなり。(衛霊公篇)

と述べたといわれる。この「道」という言葉は、この場合、自己の保持している学説とか思想とか、あるいはさらに主義とかいう現代語におきかえても差支えない。ある学説なり、ある思想なり、またある主義なりが、一つの社会を支配し、一つの国に行きわたり、さらに時代をはなれ、国境をこえて世界に普及する原動力はどこにあるであろうか。それはこの学説・主義そのものではなくて、この学説や主義を創設し支持する人の人間に存すると、孔子は主張するのである。一つの学説・思想・主義の運命はこの創設者の人間の表われとして意味があり、その学説・思想は究極においてここに表現されている人間性に依存していると考

えるのである。この孔子の考え方は、孔子自身の学説にもっともよくあてはまる。孔子のこの語はまさしく自身の言葉を書き残した『論語』の運命を予言したものということができないであろうか。そして孔子はこの『論語』という短い書物を通じて二十五世紀の間、何億に上る多数の漢字を解する東洋の諸民族によびかけ、完全に極東の思想界を支配したのである。孔子によって創設せられた儒教とよぶ思想の勝利は、まさしく聖典『論語』を一貫して支えている祖師孔子の博大な人間性の収めた勝利に外ならないのである。

そして中国においてこの人間性一般をば初めて発見したのは孔子であるとはいえないけれども、この意義を十分に理解し、これを完全に評価したのはほかでもない孔子その人であった。孔子はこの人間性の完全に実現された状態をば仁《じん》という言葉で表現し、仁をば人間修養の究極の目的と措定したのである。

孔子にとっては、人生の唯一最高の目標であるところの仁の実現は人生の一大事であり、仁の本質は何であるかという解答は、同時にかれの学問の秘義をなすものであった。孔子自身にとっても、仁の本体はたやすく説明することが困難である上に、このような重大な意義をもつ仁の概念は、よほど聡明でかつ学問を積んだ弟子にしか理解できないと考えた。

孔子はがんらい多弁な人ではなかったらしく、巧言令色すなわち言葉と態度とを飾って誠意のない人を蛇蝎《だかつ》のように嫌っていた。そんなうわべだけの人よりも剛毅《ごうき》木訥《ぼくとつ》つまり素朴な人の方がずっと仁の本質に近づいている。

君子は言に訥《とつ》にして行いに敏ならんことを欲す。（里仁篇）

といって、言葉は遅鈍でも行いは敏活でなければならないとしていた。君子とは、

先ず行う。その言はしかる後これに従う。（為政篇）

ともいったという。理論よりも実践が先だというのではなく、理論を理論として考えてみることを排斥するものではないけれども、これを理論として発表するときは、まず自分で実践して見せねばならないと考えていたらしい。とくに最高の理想である仁の徳は実践において獲得せられる。顔回を弟子中の第一位に推したのも、言葉は愚者のごとく、師に質疑などを放たないが、その起居を見ると、その言葉を体現していたからであった。

孔子はこのように仁は人間の行動を通じて実現されるものであると信じたので、すすんで仁の説明をすることを好まなかったらしい。『論語』のなかに、

子まれに利と命と仁とを言う。（子罕篇）

といって、実利をさす利と、運命をさす命と、仁との三項目については、めったに話さなかったといわれる。

しかし弟子たちだけではなく、当時の貴族や役人たちは、仁が孔子の学派で重大な意義をもっていることを伝え知って、ぜひこの解説を孔子自身の口からききたいとあせったらしい。孔子が世の中の頽廃したのに絶望したためであろうか、あるいはそのほか別の動機であったかわからないが、

予《われ》言うことなからんと欲す。(陽貨篇)

もはや何事もいうまいと決意したので、弟子の子貢が驚いて、

子もし言わずんば、小子何をか述べん。

もしそうなれば、自分たち先生の言葉をたよりにしているものには解説することがなくなってしまうと苦情をいったので、孔子はこれにたいして、

天何をか言わんや。四時行われ、百物生ず。天何をか言わんや。

天は何も口に出して言わないが、四季は正しく運行し、万物はこの季節につれて生育しているではないか、と答えた。この最後の孔子の答が、天の道すなわち自然の法則のように、自分の道も自然に行われ、言葉に言い表わす必要がないといったのは、自己を尊厳な天に擬したもので、謙遜な孔子には似合わしくないので、かれの言葉とは受けとれない。たぶん後学の徒が勝手に附け加えたにちがいない。しかし孔子がとかく無口で弟子を困らせたというこ

とはありうる話である。

それであるから孔子はまた、

二三子、我をもって隠せりとなすか。吾爾《なんじ》に隠すことなし。吾は行うところとして二三子とともにせざることなし。（述而篇）

ともいったといわれる。弟子たちは何か隠された秘密があるのではないかと疑っているが、自分は何も君たちに隠してはいないといったのも、また孔子のいいそうな言葉である。この弟子たちが孔子の秘密とも疑っていたものは、必ずしも仁だとは言い切れないが、弟子たちからすると、自分たちの理解力を超えた先生の道には、何か隠された秘密があると考えるものが多かったことは想像にかたくない。そして少しでもこの説明をきくことができると、鬼の首でもとったように大切にして、これを忘れずにおぼえておいたので、それが弟子たちからさらに孫弟子たちにも伝えられ、『論語』の諸篇が編纂されるときに、何をおいても、孔子の仁について語った言葉は、一句の短いものであろうとも洩れなく登載されたと見える。『論語』の全篇約五百章の文のなかで、仁に言及した文章が六十章にも上っている。そのように『論語』のなかに孔子が仁を論じた言葉が多く載せられているので、このことはさきに引用した、孔子は利と命と仁とにまれにしか言及しなかった、という本文と一見矛盾するよ

うに思われる。そこでこの本文の方に言葉を補って、

子まれに利をとく。(利をとくときは必ず)命とともにし、仁とともにす。

と解釈する方法もある。わたくしはこのようにことさら本文に恣《ほしいまま》な言葉を附け加える不自然な解釈に賛意を表しかねる。『論語』のなかに利と命とに言及した章が少ないのであるし、仁もまた同じように孔子が不断は自分の方からこれを弟子たちに説教していたのでなくて、むしろこれに言及することをさけていたのであるが、弟子たちが孔子に無理にせがんだ仁の問答が貴重視されて、後に残りなく『論語』に登載されたという事情を考えることによって、この本文同士の矛盾を具合よく説明することができると信ずるのである。仁すなわち完全な人間性の実現は単なる思索や論議で一義的に規定しうるものではなくて、むしろ日常の行動によって、各人の素質と努力によって、それぞれ独特な形をとるものだと考えられていたのである。孔子の門弟たちは各人各様で多様な形をとるとしても、これらを通じて人間性一般である仁が存在すると確信して、これをつきとめ、わがものにしようとつとめていたのである。孔子から弟子をへて次第に形成された儒教思想は、この人間性の認識と、その全面的な信頼に基礎をおき、その上に組み立てられたのである。

わたくしはさきに『論語』が中国を中心とする極東の世界を風靡したのは、『論語』に現

われている孔子の博大な人間性の勝利であると考えたのであるが、これはさらに、人間性一般の認識と信頼の上に築かれている孔子によって創設された儒教思想の勝利を意味するものであり、とりもなおさず人間性そのものの勝利を意味する。孔子によって基礎をおかれた儒教は人間性への信頼の上に立ち、人間性の完全なる実現を目ざすものである。それは人間の性質が本来善であることを信じ、人間性を肯定するものであるから、禁欲主義的な傾向をとる学派はむしろ異端とされていた。それはまた人間性とはすっかり隔絶した神性の存在を否定する。儒教の仁を体現したのは聖人であるが、この聖人は人間が学んで到達することができるものであり、人間性が完全に実現された全人ともいうべきもので、あくまで人間にぞくするものであって、神にぞくするものではなく、いかなる意味においても神性の要素をもっていない。また孔子の徒は、人間の死後の生活、来世にたいする宗教的な信仰を全然排除するものではなかったが、何よりも人間が現実に生きる現世を重視して、これがため、来世にたいして空想をはせることを好まなかった。これらをひっくるめて、儒教思想のすべての性格は、孔子によって確立せられた人間性の完全な実現という究極の目的から派生したものと考えることができる。

孔子の勝利は、このように孔子の偉大なる人間性の勝利であるが、孔子の人間性があまりに偉大であり、また今まであまり孔子について語られすぎたため、孔子をばいつか時代を超越した聖人として、全く時代の影響を受けない、永久に生きる人としてしか考えられなくなった。

世人が孔子を考えるときには、孔子とわれわれとの間に二千五百年の時間が横たわっていることを忘れてしまっている。また孔子が日本人であるか、中国人であるかということも忘れてしまっている。生れた時代も、生れた祖国も全く意識させないところに、孔子の人間性の偉大さが存することはいうまでもない。孔子の思想の普遍性がまたこんな錯覚をおこさせる理由となっていることはもちろんである。

単に教養の書として『論語』を読む人ならば、あるいはこれでもいいかも知れぬ。しかし『論語』をさらに深く読み、孔子の思想をさらによく理解しようとするならば、孔子の生れた時代と孔子の生きた環境とをさらに精細に知りたいという欲望をおこすに相違ない。しかるに、孔子のありきたりの伝記はあるけれども、孔子の生きていた時代と、生きていた社会とを詳しく描写した書物は、今まで全く生れていない。これは今までの孔子研究の大きな盲点である。

わたくしは今孔子について語ろうとするにあたって、まず孔子の生れた二千五百年前の中国の一般情勢を簡単に述べ、孔子の生れた魯《ろ》国のおかれていた特殊の位置を明らかにして、孔子がこの与えられた環境の下にあって、いかにして、かれの独自な思想を形成していったかを説明しようと思う。わたくしはもっぱら歴史的人間としての孔子を語りたいと思う。

第一章　孔子の時代

——紀元前五、六世紀の中国——

一　紀元前五、六世紀の史的意義

孔子は、紀元前五五二年ごろ、今の河南省洛陽《らくよう》に首都をおいていた周という王朝の東の辺境である、山東省の曲阜《きょくふ》に国を建てた、周と同族の封建諸侯の魯国に生をうけて、七十四歳で死ぬまでの間、この祖国を中心として東方の諸国を行脚《あんぎゃ》して自分の独特の政策の宣伝を行った。わたくしはこの孔子の時代すなわち紀元前五、六世紀における中国の状態を概観しようと思うのであるが、まず紀元前五、六世紀という時期が中国の古代史のなかでもっている意義を考えることから始めたい。

紀元前五、六世紀は中国の歴史ではふつう春秋《しゅんじゅう》時代とよびならわされている時代の末期にあたっている。この春秋時代という時代称呼は、実は外ならぬ孔子が祖国である魯の国の公式の記録をもととして編纂したと伝えられている『春秋』という年代記にふくまれた時代ということを意味するものであって、正しくいえば紀元前七二二年に始まって四八一年に終る、二百四十二年にわたるものである。周王朝の権威は地におちてしまって、中国は十二の諸侯の国に分立して互いに覇権をきそったのであるが、この侯国内でも内乱がしきりに起って諸侯の権力はだんだん卿《けい》とよばれる国家老の家に奪われ、さらに実権は諸侯から見ると陪臣にあたる、家老の家来の手に移ろうとしていた。国際的には不断の交戦状態がつづき、国内的には各国に内乱が勃発して、諸侯の弑逆などの不祥事件がしきりに起った。孔子はこの無政府的な混乱を見るに忍びず、魯国の年代記に筆を加えて、君を弑逆した乱臣、父を殺した賊子の行いを特筆大書して、同時代の人の反省をうながそうとして、この『春秋』の編纂を思い立ったといわれている。

孔子がはたして自分で手を下して『春秋』を編纂したかどうかということは、近ごろの学者によってかなり疑問をもたれ、儒教の一学派のなかで言い伝えた一つの伝説にすぎないと考える論者もある。この伝説が事実であるか否かは、さらに後に論及するつもりであるけれども、ともかくこの伝説の示しているとおり、この時代は周王朝のもとに天子・諸侯・卿・大夫《たいふ》・士というように身分的な上下の位階が厳重に定まっていた、封建制度といいならわされる政治的・社会的な組織が次第に解体しつつあった時代なのである。この春秋時代の分立した多数の諸侯の国が互いに侵略しあって、これにつづく紀元前四七八年から二二一年までの、七国時代とよばれている時代の間に、七つの大強国にまとめられ、さらにお互いにはげしい戦争を交えたので、これをまた「戦国時代」とも称しているのであるが、その結果、富国強兵策を強行して、もっとも極端な軍国主義の国家に改変した秦《しん》という西方の新興国の手によって、紀元前二二一年、とうとう統一帝国ができ上った。

この新たに成立した秦帝国は今までの制度を全然うちこわして、全帝国を三十六郡に分け、この郡をそれぞれ小さな県に分け、郡には行政長官として守《しゅ》という文官、軍政の長官として尉《い》という武官をおき、県にはまた今の知事にあたる令《れい》という長官をおいて統治した。すべてこれらの職につくのは、秦帝国から任命し派遣した官吏であるから、秦帝国は中央から任命された官僚によって統治される中央集権的な行政組織をとっていたわけである。もっとも中央集権的といっても、郡守や県令のような長官だけは中央から任命、派遣されたが、秦帝国をうけた次の漢帝国までは、長官以外の地方官は郡守または県令の自由任用にまかせられ、大多数はその地方の人から選ばれていた。そこで自然に地方的に強い勢力をもっていた豪族とよばれる家とある程度の諒解をたもって、妥協的な政治を行っていたから、まだ地方分権的な色彩をかなり濃厚に保存していた。したがって多少地方分権的な傾向は残存しながらも、ともかく一応秦帝国によってでき上ったこの中央集権的な官僚によって統治される国家の行政組織は、中国の政治史でこれを郡県制とよんで、これに先行する完全に地方分権的な行政組織と区別することになっている。

郡県制に先行してこれと対立する周王朝の下における地方行政組織では、全国は無数の諸侯の国に分割され、子々孫々に至るまで伝えて世襲的に統治せられ、周王朝はこれらの諸侯にたいして、その諸侯の相続にあたって形式的に王の承認を与えるという名義的な監督権、いわゆる宗主権を保有しているが、その内政に関しては全然干渉を加えなかった。諸侯と家臣との間もこれに準ずる。中国では秦帝国以後の郡県制にたいしてこの行政組織を封建制とよんで、二つの制度は全然相容れないものだと考えてきたのである。「春秋時代」はこの周代の封建制がだんだん壊れはじめた時代であり、「戦国時代」にはいって、この傾向はますます著しくなり、七国それぞれ郡県制の組織を採用しはじめ、最後の秦帝国の統一によって全国的に組織化されたのである。紀元前五、六世紀はこの「春秋時代」の末期であって、この中国のいわゆる封建制度の解体がもっともはげしく進行していったのにたいして、一方これに代る新しい政治機構がまだ現われていなかった。政治的には旧来の統治組織が破壊されて無政府状態がつづいているし、社会的には封建制に適合した身分的な道徳が崩壊して無道徳状態におちいっていたのが、この紀元前五、六世紀であった。この混乱の時代に生をうけた孔子は、この無政府、無道徳状態のなかにおいて、その周国創業の大政治家周公の精神にかえるという理想をかかげて、政治道徳の再建をはかったのである。

二　周代における封建制と宗族制

春秋末期という時代を、今まで一応中国の政治史上、封建制度の解体期としてとらえてきたのであるが、この封建制は郡県制にたいする中国の術語としての封建制であって、一般に法制史・社会史ないし経済史の術語として今日使用されている、西洋中世の封建制度を典型として構成された概念とは、本来は無関係の言葉である。孔子の生れた時代の意義をさらに深く理解しようとするならば、この中国の伝統的用語としての封建制を一応放棄し、全然白紙にかえって、周代の政治的・社会的組織が、はたして一般に社会経済史ないし法制史的な術語としての封建制の名に値するか否かを検討してみなければならない。いわゆる周代封建制を社会経済史的に十分分析した上で、この制度の解体期としての春秋末期の社会史的意義をはじめて完全に認識することができるからである。

周王朝は領土を侯国に分割して世襲的に統治させたことは、前にも述べたとおりである。この諸侯と王室との関係はどんなものであったか。諸侯は王室からどんな権利を与えられ、どんな義務を王室に負っていたか、これが第一に吟味しなければならない点であろう。そしてこのような諸侯と王室との間の関係がどんな手続をとってつくり上げられるか、これが第二に調べてみねばならない点である。現代われわれが手にしうる周代の歴史の材料は決して豊かなものとはいえない。しかし周代のいわゆる封建制度に関した法制史的な史料としては、周王朝がまだ西方の陝西《せんせい》省の長安の附近に、祖先の宗廟を中心として形成された宗周《そうしゅう》とよばれる宗教的都市を保有していた西周《せいしゅう》時代、とくにその後期であるおよそ紀元前九世紀から前八世紀の半ばごろまでの期間に、諸侯あるいは大臣などが朝廷に入朝したとき周の王室から賜った「策命《さくめい》」という叙任の文書があり、この策命を王室から受けた名誉を記念して、自己の祖先を祭るために鋳造した宗廟の銅器の銘文のなかに詳しくそれを引用したものが多く発掘されている。この銅器の銘文は金文とよばれ、西周時代の歴史をうかがうのにぜひとも必要な史料である。とくにこのなかに引用されている策命の文章と、この策命を与えられた儀式に関する詳しい記事とは西周時代の重要な史料であり、法制史の文書としてくらべるもののない価値をもっている。

西周時代の史料としては、主としてその前期である創業当初の大政治家周公が残した訓戒を集めた『尚書《しょうしょ》』の諸篇、西周後期の作品と思われる『詩経《しきょう》』中の「雅《が》」という形式の詩篇などが、これを補うものである。さらに春秋時代にはいると、『左伝《さでん》』『国語《こくご》』という歴史物語のなかに、いわゆる封建制の解体を示す幾多の事実が現われている。これらを綜合的に利用することによって、周代のいわゆる封建制度、とくにその法制史的な側面をある程度まで復原することができる。今その結論だけを略述してみよう。

西周後期の金文に出てくる策命の記事と西周後期の詩篇などから考えてみると、諸侯はまず第一に、周の王が新たに即位したときとか、あるいは一定の時を期して挙行される「王会」と称せられる全国会議に出席して、地方の特産物を貢物として王に献上して、臣下としての忠誠を誓う朝貢の義務をもっていたらしい。そのほか平時に王城あるいは国境の防備のための土木事業には賦役人夫を出したり、平時には王室から派遣された使者、戦時には王国の軍隊が領内を通過するときにその宿舎・食料等あらゆる便宜を供給したり、さらに王命によって自分で軍隊を装備して従軍する労役・軍役を奉仕する義務を負っている。諸侯は王室から与えられた、いわゆる分封された領土を、さらに卿とか大夫とか士とかよばれる家臣たちに再分割し、家臣たちは諸侯が王室にたいして負ったと同じような労役・軍役を奉仕する義務を荷っていたことが知られている。

周の王室が諸侯に初めて土地を分割するときの封建といわれる儀式、また諸侯が王室に朝貢する際に、王室から領土や栄誉を象徴する弓矢・戦車・衣服などが諸侯に恩賞として与えられ、今まで父祖または当人が王室に勤めてきた功労をほめたたえ、さらに今後も怠りなく王室に奉仕すべきことを命じた策命という詔が下される。これにたいして諸侯は、その誠意を象徴した玉器を奉呈して王室に変らぬ忠誠を尽すことを誓う儀礼が宮廷で荘厳に挙行された。諸侯の家臣たちと諸侯との間にもこれに準じた儀礼が行われた。この国王と諸侯と家臣との間に行われた王室・諸侯の恩賞にたいして臣下が奉仕を誓う策命の儀礼は、西洋中世の領主と家臣との間に行われた叙任の儀式と非常に類似している。西洋中世の封建制下における君主の恩賞にたいする臣下の奉仕を保証する忠誠誓約の関係と、外面的に非常に類似した形式をもつこの策命の儀式が、中国古代の中国人自ら封建制度とよんでいた制度のなかに存在したこと自体は、たいへん興味ある現象といわねばならない。

これをもととすると、周の王室と諸侯と家臣との間を結んでいる関係は、上にも述べたとおり、西洋中世の領主から家臣に領土を恩賞として与えたのにたいして、家臣は君主に主として軍事的な奉仕の忠誠義務を誓うという封建的関係と違わない形態をもっていたといわねばならないのであるが、このような類似した法律的関係によって君主と臣下とが結合されていたと見なされるにもかかわらず、なお広い立場に立って周代の社会と西洋中世の社会とを全体的に比較してみると、その間には非常に大きな相違点が見出され、むしろ両者をそれぞれ別個の社会形態にぞくさせた方が適当ではないかと考えられる。

まず注目されることは、ここに述べた君主と臣下との間を結びつける封建的な関係が、君主と家臣との個人の間にとり交されたものではなくて、君主と家臣とがそれぞれぞくしている氏族の間に成立したものであることである。とくに周代の有力な諸侯の大部分は、周の王子をはじめとする同氏族の成員、すなわち姫《き》姓という氏族にぞくしている。王と諸侯との間には君主の恩賜にたいする忠誠誓約による封建関係が成立してはいるけれども、王と諸侯との間は、この封建的な臣従関係だけによってしばられているのではなく、王と諸侯とは同じ姫姓の氏族にぞくしていて、本家と分家との関係にあるので、周王朝は同姓の諸侯国とこの本家・分家関係、すなわち宗族《そうぞく》関係によって結ばれ、この宗族関係によって侯国を支配していたのであった。同一の祖先から分れ出た子孫たちの分家が、この共同の祖先を祭った宗廟をまもり、その祭祀をつづけている本家にたいして、この宗廟の祭祀に参加し、奉仕するという関係が周代の宗族関係であるから、この面からすれば、宗族とは一つの祭祀を共同にする団体と見なすことができる。周王朝と同姓氏族出身の諸侯とは、この祭祀共同体の一員としてこの祭祀に列席し、共同の祖神の恩寵に浴しうる権利と、これにたいして祭祀に奉仕し犠牲・供物をささげる義務とを共有するものであるが、とくに宗廟の保有者である本家すなわち宗家である周王室は、この祭祀の主宰者として同族員の奉仕を受け、これを指揮する特権をもっていたのである。周の朝廷と侯国とを結合する関係は、前に述べた封建的関係よりはこの宗族関係の方が強い要素になっていたと思われる。

周の王室と異なった氏族、すなわち異姓の氏族員とを結ぶ関係はどうであったか。また諸侯の家臣も同族以外の異姓氏族員がかなりの多数をしめていたことは明らかであるから、これら異氏族出身の君主と家臣とを結合する関係が問題である。この場合には封建的関係が前の場合よりは強くはたらくかも知れない。しかし異氏族間にあっても、これを同一の祭祀共同体の成員として、宗族関係に準じた祭祀関係を通じて結合する別個の方式が存在している。それは中国古代では社神とよんでいる土地神の祭祀共同体の形成であるが、それは次に述べるところの都市国家の成立を意味するものである。

三　都市国家の成立

わたくしは、これから、周代における都市国家の成立の過程を、孔子の祖国である魯国についてたどってみたいと思うのであるが、そのためには、今われわれが止まっている、孔子の生れた紀元前六世紀の半ばから、さらに四百五十年ぐらい歴史をさかのぼって、周王朝の創業の昔にまで行かねばならない。東アジアの世界のなかで、唯一の文化国家として、今その遺跡の発掘によって、世界の考古学界の注目をひいている河南省安陽《あんよう》県の首都を中心として、華北平原を支配していたのが、殷《いん》王国である。これにたいして、はるか西方の辺境である陝西省に根拠をおき、殷国の文化をしたってわりあいに古くから朝貢していた周民族は、聖人としてその徳を仰がれた文王が即位すると、近隣の異民族を服属させて、急に強大な部族となってこの地方に覇をとなえ、武王の代に至って殷王紂《ちゅう》の失政に乗じて、東進して一挙に首府を陥れ、殷王国を征服して周王朝を開いた。間もなく武王が崩御すると殷民族はこの機をねらって叛乱を起し、王朝の再興を企てた。幼少の成王をたすけて摂政としてこの乱を平定したのが、その叔父にあたり、魯国の開祖として崇拝される周公であった。

周公は殷民族をはじめとして、それに文化的にも人種的にも親しい関係のあった山東半島から淮水《わいすい》にかけて居住していた東夷民族たちが、互いに共同で謀議して挙げた大叛乱をば、自ら征討軍を指揮し、逃げるのを追って遠く山東半島の北岸にまで達して、完全に叛軍を掃蕩したのち、殷の故郷と周の本拠とのちょうど中間にあたる洛陽に政治的首府を建設して、中原統治の根拠地をつくった。この洛陽に駐在した周公は殷民族をはじめ東方の異民族の統治に心をくだき、周民族と殷民族とを融和して一つの新しい文化を建設するという、周王朝の国是ともいうべき基本的政策を定めた。単なる政治家ではなくて、偉大なる思想家であった周公は、まだ呪術的な信仰にとらえられ、また狩猟・飲酒の享楽にふけっていた感覚的な殷民族の文化に溺れることなく、これに根本的な批判を加えた。周公は東方世界で行われている呪術のうちに宗教と道徳と学問の萌芽を見出し、人間の感性のなかに理性の光明を発見し、これらを育てた最初の人であったといってもよいであろう。周代の人々、とくに孔子を生んだ魯国の国人たちは、周公が周の礼楽を制作したといって、周公が周代独特の政治組織や社会制度をはじめとして道徳・芸術など一切の文化を創造したことを固く信じていた。

東方の異民族を統治する基本的政策を確立した周公は、この政策を実行にうつすためであったろうか、かれの長男である伯禽《はくきん》をば、東夷民族の根拠地である今の山東省の曲阜県に派遺して、周民族のコロニーをここに建設しようとした。周公を文化的英雄として仰ぐ魯国はここに礎がおかれた。

伝説の語るところによると、魯公伯禽がこの新しい植民地に出発するにあたって、周の王室から公式の策命を受け、さまざまの引出物を賜ったといわれている。まず魯公が周の朝廷に入朝するとき乗用に供せられるはずの大型の儀式用の馬車と、それにかかげる旗じるし、夏后《かこう》氏という古代の王朝から伝わってきた宝玉と、封父《ほうほ》という古代の諸侯の持物だったというわれのある繁弱《はんじゃく》の弓が贈られた。前の三者は周王朝の祭祀に参列するときに乗用もしくは佩用せられ、朝廷における魯公の位階を表徴するものである。最後の弓は、異民族にとりまかれた新しい国家を防備し、周室に反抗する部族らを征討するところの軍事権を象徴するものである。紀元前五〇一年、孔子の五十二歳のとき、魯国の家老である季《き》氏の執事で魯国で権勢肩を並べるものがなかった陽虎《ようこ》という乱暴者が、失脚して隣国の斉《せい》に逃げのびるときに、この宝玉と大弓とをもち出していったので大騒ぎとなった。孔子の時代までこの宝玉と大弓とは魯国の伝世の宝器として大切に魯の国庫に保存されていたのである。さすがの陽虎もこの尊い伝来のある器を私有しておくことがそら恐ろしくなったと見え、翌年この宝物を魯国に返還してきたことが、『春秋』の年代記のなかにしるされている。これらから考えてみると、この宝物をはじめとしていろいろの特権を賜ったというのは、少なくとも孔子のころに魯国に伝わっていた創業の伝説であったと見てよいであろう。

この伝説の伝えるところによると、この宝物のほかに、殷民族にぞくする条氏・徐氏・蕭氏・索氏・長勺《ちょうしゃく》氏・尾勺《びしゃく》氏という六つの氏族も魯公に与えられ、各氏ごとに宗家を立て、分家をそれぞれひきつれ、周公の訓令を受けて洛陽を出発して魯公に従って曲阜に移住することを命ぜられたといわれる。これによると、魯公は初めて新しい領地に赴任するときに、周の都洛陽に集められていた殷民族のなかから、六氏族を分与され、これをひきつれて途に上ったのである。被征服民族ではあるけれども、宗家を立て、それぞれ分家を統轄しているといっているから、それは氏族の組織をそのままもちながら、氏族全体として魯公に隷属させられたのである。

魯公は洛陽を出発するときに、すでに殷民族の六氏族を引率していたのであるが、新たに都を建設する曲阜の地には、また殷民族とつながりをもち、さきの叛乱に加わって周公の討伐を受けた奄《えん》国の人民が原住民として住んでいる。そのほか魯国の版図のなかには、その西境を半円形をなして流れる済《せい》水の流域と、東方の東蒙山下とには、風《ふう》姓の異民族が住んでいた。すべてこれらの異民族を魯公はいかなる手段で統治したであろうか。

以上の異民族に周民族をふくめて、新しく魯国を形成するものはみな氏族を単位として結合されている。氏族はそれぞれ共通の祖先をば氏族の祖神として祭祀することによって結ばれている祭祀共同体であり、その宗廟をまもっている宗家によって統一されている。しかしこの氏族神は、神は非類の祭りを受けないということわざもあって、その子孫以外のもの、すなわち氏族にぞくしない他氏族のものを祭祀に参加させることを絶対に許さない。そこで曲阜という同じ場所に居住する異氏族が共同に祭祀できる神を見出さねばならない。それは曲阜に新たに建てられた土地の神と穀物の神とであって、中国ではこれを社稷《しゃしょく》とよんだ。新しい曲阜の都を建設するにあたって、まず周公を祭る宗廟と並んでこの社稷の祭壇が築かれ、これを中心として魯公の宮殿が建てられ、さらにこれをめぐって城壁が築造されたのである。

現在の曲阜の町から東北〇・四キロの地点に方四五〇メートルほどの台地があって、漢時代の魯国王の宮殿の遺跡であろうと推定されている。曲阜は曲りくねった丘陵という意味であるから、この台地こそ昔の曲阜の都がその名を得た丘陵であって、この台地を中心として魯公伯禽は宗廟・社稷・宮殿を建設したのであろう。この曲阜は少皡《しょうこう》という古代の帝王の都の遺跡であるといわれているから、たぶんここの原住民たちはこの台地の上に住み、そこで祖先として少皡に祀りをささげていたのである。少皡は旧曲阜の土神であり守護神だと考えてもよいであろう。新しく建設された曲阜という都市の社稷、すなわち新しく結成された魯国という異民族の寄り合った地域団体の土神は、この原住民の土神と何らかの関係をもち、これを祭神の一つにとり入れたであろうと想像される。

魯公をはじめとして周民族にぞくする姫姓氏族の族員たちにとっては、その共同の氏族神を祭った宗廟はもっとも重要な神であり、その祭祀もまた国の最大の儀式として重視されたことはいうまでもない。それであるから、政治と祭祀とが同一視された祭政一致のこの時代にあっては、魯公は何よりもこの宗廟の祭祀の神主、すなわち宗廟の主の資格をもつものであった。しかし魯公は宗廟の主としてではなく、社稷の主とよばれ、すなわち土神と穀神の祭りの神主という資格の方で通っている。このことは、魯国に移住した魯公の同氏族は非常に少なく、魯国の大多数を構成するのはこれに隷属する殷の六氏族、ならびに原住民である旧奄国民または風姓の諸部落であったため、新しい魯国という新地域団体にとっては、宗廟よりも社稷の祭祀がずっと重要な意味をもっていたことを示すものにほかならない。これはひとり魯国に限らず、衛・曹《そう》・晋《しん》をはじめすべて華北平原に新しく建てられた周民族の国家はみなこれと同じ事情にあった。これらの諸侯はみな社稷の主と称され、国家のことをば社稷とよびならわしていたのであった。

ここでまた注意しなければならないのは、この異氏族をば社稷の祭祀を紐帯として結合させた魯国という新しい地域団体は、決して今日われわれがふつうに国家とよんでいる、一定の広い領土をもち、そのなかに多くの都市・農村をふくんでいる、いわゆる領土国家ではなくして、わずかに一里四方ぐらいの狭い城壁に囲まれた都市そのものをさす都市国家にすぎないことである。周代で本来の意味の国とはこの首都の城壁の内部だけをさすものであり、国人とはこの城壁内に居住する市民だけをさすものである。魯侯は他国の君にたいして自国のことを弊邑すなわち小さいつまらない町といって謙遜するとともに、他国のことを大邑すなわち大きな町とほめていうのが当時の外交用語であった。この外交用語もまた周代の諸国が本来は都市国家であったことを表わすものである。

周公の長子である伯禽が西紀前十世紀の初めに山東省の曲阜に建設した魯国は、周民族をはじめ殷民族およびその他の祖先を異にする異民族から成る、いくつかの血統を異にする氏族が寄り集まった、新しい社稷の祭祀を共同にする地域団体である都市国家であったと見るべきである。

この中国における都市国家形成の過程は、近代フランスの大史学者フュステル・ド・クーランジュがその名著『古代都市』において見事に描き出したギリシャ・ローマの都市国家の成立の過程との間に、ほとんどその差異を見出すことができない。紀元前の古代文明世界を見わたすと、ギリシャ・ローマを中心として地中海世界を形成する古代国家であるエジプトおよびメソポタミアの諸国からインドの新たに発見されたインダスの国、東は中国の周代の諸国に至るまで、あらゆる古代文明諸国は、その文化はそれぞれ特色をもっているにかかわらず、その社会は本質的にはすべて都市国家とよぶ形態をとっていることは不思議な現象である。わたくしはこの不思議な現象が何故に起ったかということについて、明快な解答を与える自信はもたない。ただ祭政一致とわれわれがよびならわしてきた、宗教と政治とが不可分に結びついているところで、氏族という血縁で結ばれた団体を多数結合して一つの地縁団体を形成するときには、ぜひこの都市国家という形態を通ることを必要とするのではないか、都市国家とは、要するに血縁団体から地縁団体に移る一つの過渡的段階をなすものではないか、と考えるものである。

わたくしは紀元前五、六世紀の周代社会をば、封建制、あるいはこれをさらに限定し古代封建制、ないしは早期封建制という社会組織として見るよりは、むしろ紀元前の古代文明世界に普遍している古代都市国家の一形態としてながめる方が、さらにその世界史的な意義をよりよく理解できるのではないかと信じるものである。これからこの見地に立って春秋時代末期を考察してみよう。

四　都市国家における貴族政治の成立

わたくしは今、中国の古代都市国家を、氏族を単位として結成された祭祀共同体として定義した。中国古代の都市国家はこのほかにさらに重要な性格をもっている。中国の古代都市は日本の上代の聚落とはちがって、城壁をもって四囲をかこまれているから、外敵を共同に防衛しようとする目的をもって寄り集まった団体であったらしい。したがって中国の古代都市国家は祭祀と防衛とを目的とした氏族の集団であり、氏族の祭祀軍事共同体と見なさなければならない。このことを春秋時代の都市国家の政治家たちは、「国の大事は祀《し》と戎《じゅう》とにあり」という言葉で言い表わしている。都市国家で行っている行事のなかでもっとも重要なものは、祭祀と軍事に関係するものであると、明瞭に意識していたのであった。

春秋時代の中国の経済は、農業を主要な産業としているものであるから、まず土地所有関係を通じて階級が分化したと考えられる。しかしこの時代では、土地は土地自体として抽象されて、所有ないし用益の対象とはならなかった。土地はそこに居住しこれを耕作する人間と一体として所有、用益の対象となった。周王朝が殷王朝に代って天下を統一したとき、周民族は天からこの中国の土地と人民とを賜ったと観念し、周の王室がこれを諸侯に分封するときには、この天から賜った土地と人民とを諸侯に分つと観念していた。とくに周王朝の創業時代においては、華北大平原の沃野はまだ十分に開発されていなかったので、非常に広大な未開墾の土地が残されていたと思われる。周初に軍将たちがその軍功にたいする恩賞として受けたもののうち、もっとも重要なのは土地ではなくて、むしろそこに居住し、また耕作すべき人民であった。前に述べた、魯公が曲阜に封ぜられたときに、被征服民である殷民族のなかの六氏族を与えられたというのは、その適例である。周初の封建の際の策命のうちには、その人民の家数や口数を詳しく挙げたものが多いが、そのほかに魯公の例のように氏族単位で与えられたものもかなり多い。周初の都市国家を構成する単位は氏族であるが、氏族は都市の周囲にその氏族にぞくする土地と農民とをもっていたのである。

氏族の与えられた土地は采邑《さいゆう》と名づけられている。采とは、採と通じて用いられ、草木またはそれから生ずる果実・穀類を採取することを意味している。邑とは、あるいは大は千室すなわち千家族から、小は十室すなわち十家族までの大小さまざまの戸数をもった聚落をさしている。春秋時代の農地は、すべて土地の面積を単位としてはかられるのでなく、この邑を単位として数えられている。ある広さと人口とをもつ現実の聚落が不可分の一体として考えられ、それを采邑として、それの所有権ではなくして、この聚落から生じる収益を取る権利を国家から与えられていたのであった。采邑は諸侯から氏族にその用益権だけ与えられたものであるから、その所有権はあくまで国家にぞくしているはずである。

春秋時代の中期以後、とくに末期の紀元前五、六世紀ごろになると、氏族が次第に多くの分家に細分していったのであるが、その分家の家長が、政変のために国外に逃亡した際には、この分家の采邑は直接国家の手に返らないで、同じ氏族のものに与えられるのが魯国ではふつうの慣習であった。ただし国外に逃亡した氏族のものが、采邑を支配し、その収入をそのまま受けとることは、都市国家の存立をおびやかすものであり、重大な不法行為として非難されていたが、そのような例も決してめずらしくはなかった。土地にたいする都市国家の最高の領有権は次第に名義的なものに変ってきて、これに反して都市国家を構成する氏族の土地にたいする用益権は、国外に逃亡した氏族員の再分割された采邑が、国家ではなくして氏族に帰属するという慣習でも明らかなように、氏族が領有権までもとうとする傾向が現われてきたのであった。農地において、都市国家自体の領有権を氏族が次第に蚕食しつつあったことは、政治上においては、都市国家の政治の実権が君主である諸侯の手をはなれて有力な氏族の代表者の手にはいっていることを示すものである。このような都市国家の政治組織の変遷を魯国の例についてたどってみよう。

都市国家内の政治的な権力をもっとも端的に表現するものは、都市国家の軍隊を支配する兵権である。都市国家を防衛する軍隊は魯公に直属し、魯の国都またはその近郊に居住して郷党《きょうとう》という軍事・祭祀の共同体を組織している。魯の近郊は左右、すなわち東西の二郷に分れ、各郷から一軍ずつを編制して、二軍より成る軍隊によって国家を防衛していた。この二軍の大将および副将に任ぜられるものは、また同時に、祭祀団体の長として饗《きょう》という重大な宴会を主宰する役目、くわしくいうと卿士、ふつうには卿とよばれ、魯国内で君主に次いだ最高の官職であった。

春秋時代を通じて、列国の間に交された戦争をはじめとして、内乱でも少し規模の大きい戦いは、みな四頭立ての戦車に乗った甲冑《じょう》に身を固めた武士同士の弓矢と戈《か》とをもってした戦い、すなわち車戦であった。一台を乗といったが、両軍の兵力は人数ではなくて、この馬で引く戦車の乗によって数えられた。この戦車に乗る甲士といわれている武士、それが貴族階級の最下である士の階級である。この士はまた夫とよばれ、士百夫、千夫を指揮するのが百夫長、千夫長であったが、これらの士の長を大夫と称し、卿に次ぎ、士の上に位する階級をなしていた。大夫が他人から子供の年をきかれたとき、もし成人していると「戦車を御することができる」と答え、もし幼少であると「まだ戦車が御せません」と答えるのが作法であったといわれる。このことは、卿、大夫、士の順をなした周代の貴族階級の第一の特権は、戦車に乗って戦闘に加われるという軍士としての資格にあったことを表わすものに外ならない。戦車に乗る資格をもたないのが一般の庶民と、さらにその下の奴隷階級とであった。祭祀軍事共同体である魯の都市国家においては、軍士として魯国の防衛を担当する資格をもっている、軍人としての特権階級であった卿・大夫・士の三階級は、また国家の祭祀においても、あらゆる行事において、庶民を排除して、軍務に応じた上下の位をたもって参加する資格をもっていた。政治と祭祀とが一体と考えられ、政治的に重要な意味をもつ朝会が諸侯の祖先の宗廟で、祖先の祭りに附随して行われていた春秋時代の魯国では、この祭祀に関した行事に参列する特権を有した卿・大夫・士の階級は、政治上においても庶民とは区別された特権をもっていた。卿・大夫・士は魯国において政治的にも軍事的にも貴族階級をなしていた。

この魯国の慣習法を示す言葉に「礼は庶人に下さず、刑は大夫に上さず」というのがある。まず庶人すなわち一般人民は都市国家の祭祀には参与することを禁止され、したがって政治上にも都市国家の行政に干与することが全く不可能であったことを語っている。都市国家の祭祀と政治とは一般庶民を排除し、戦時には甲冑を着用し戈と弓矢とをたずさえて戦車に坐して従軍する資格をもった士以上の階級にだけ開放されていた。魯という都市国家の君主である魯公の宮門外の広場で開かれる会議、すなわち朝《ちょう》に出席して意見を述べうるのは士以上の階級に限定されているのである。士以上の階級は庶民階級にたいして貴族階級にぞくするものと見られるのであるが、この最下である士の身分については多少問題が残っている。

つぎに「刑は大夫に上さず」といっているのは、卿・大夫の階級にぞくするものは、その犯罪にたいして国法により処罰を受けることがないことを述べているのであるが、このことはさらに説明を要する。魯のように氏族を単位として結成された都市国家では、氏族内部の政治はその氏族の自治にまかされているから、国家が氏族内部の犯罪に干渉を加えることはふつうさけられている。異氏族にぞくするものの間に起った事件だけが国家の問題となるわけであるが、この場合にも都市国家の朝会において、その氏族の代表者たちの話合いによって、当事者の身分に応じて定められている賠償金を被害氏族に支払うことによって解決される。もし両方の氏族が自己の非を認めず、また二氏族の勢力が伯仲していて、了解に達しないときには、武力に訴え、復讐を行うこともまれではなかった。しかしともかく魯国を構成する主要な氏族の重要な成員である卿・大夫のごとき階級にたいしては、一般の刑罰が適用されないというのは上に述べたような理由によるのである。ただここで、士だけはのけものとなり刑罰が適用される機会もあるようにとられるが、時代が下り、魯国が次第に拡大してくると、本来魯国を構成していた氏族の勢力にも変化が生じてきて、弱小で大夫として会議に発言権をもたないものもできてくるであろうし、また既成の氏族以外で発言権のない氏族出身の士のごときものも出てきたであろう。要するに、士には雑多の氏族出身のものもふくまれ、その性質が一定していなかったので、国法によって処罰されることもありえたのであろう。したがって一般的にいうならば、卿・大夫・士の三階級は魯国の政治に干与して、貴族政治を行っていたといっても差支えない。ただそのなかで最下の士の階級は厳密な意味では刑法の適用も受けうるし、貴族としての特権を完全に保有してはいなかったことを注意しておきたい。

五　魯国における貴族の寡頭政治

魯国の二軍の将軍であり同時に宰相である卿の要職は、結局、魯桓公から分れ出た孟孫《もうそん》氏・叔孫《しゆくそん》氏・季孫《きそん》氏の三つの分家、すなわち三桓氏と総称される氏族の出身者が世襲的に任用されるようになった。そのなかでもっとも勢力が強いのは季孫氏、また季氏と略称せられる貴族であり、春秋の中期以後、卿の筆頭として、魯の君主を全く人形のごとくあやつって国政を自家の意のままに運用していた。

魯の都市の近郊の二郷から出る二軍の使用する戦車・甲冑などの重要な兵器はすべて魯の国家にぞくするものであり、この二軍は国家にぞくする軍隊であった。季孫氏をはじめとする三桓氏はこの軍隊の指揮者として、また郷の長として、また朝会の主宰者としていわば公的な権力の持主であったが、これと並行し、またこれを利用して私的な権力をたくわえ、自分が卿士すなわち魯国の国家から任命されて指揮する公的な軍隊のほかに、自分に隷属する私的な軍隊を養っていた。

三桓氏も魯の都市国家を形成する軍事共同体の郷党の一員である。この意味では三氏は公的にはこの郷党に兵籍をもつ軍士であり、軍士のなかの長にすぎない。しかし三氏はこれと一緒に、国家から広大な領地すなわち采邑を与えられている。季氏の采邑は曲阜の東南方七五キロの地点にある費《ひ》という町であり、叔孫氏のそれは曲阜の西北六〇キロの郈《こう》の町、孟孫氏は西北二二キロの郕《せい》の町である。どれも堅固な城壁をめぐらし、多数の私兵を集めて防備を厳重にしていた。

これらの私兵は落ちぶれた貴族の子孫や、都市の士族などのほか、農村の出身者を多くふくんでいる。いずれもこの時代の習慣に従って、忠誠を表わすところの雉を、新しい主人である三桓氏にお目見得のしるしとして献上して、主従の関係を結んだものである。かれらは魯国の公を主君と仰ぐ臣が公臣とよばれたのにたいして、公臣の一人である卿・大夫を主君とするものであるから、私臣といわれた。三桓氏をはじめ諸豪族の権力が強くなり、領地が大きくなるのと並行して、かれらにぞくする私臣の数はだんだん増加してきた。

魯の都市国家を構成する諸貴族と君主である魯公とは、同じ宗族の本家と分家という関係で結ばれている。原始的な祭政一致の社会組織が崩壊して、伝統的な宗教の権威が衰えるにつれて、魯公と三桓氏などの間を結ぶ紐帯は自然に弱くなった。これに従って、有力な貴族による主君の更迭・放逐・弑逆などが、春秋中期以後、目立って頻繁に起ってきた。宗族制の原理の上に立った魯国の君主権は次第に凋落して無力となった。

三桓氏などの魯国の豪族と私臣との関係は、どちらも氏族をはなれた個人の間に結ばれたものである。私臣は三桓氏にたいして忠誠を誓い、三桓氏はこれに魯国の賦役などの公的負担の免除を保障し、また所領の分給その他の恩典を与えた。三桓氏と私臣との間は、全く個人的な主従間の保護・忠誠の相互関係で結ばれている。この主従関係をばとり出してみると、いわゆる封建関係といっても差支えない。紀元前六世紀前後、すなわち春秋中期の中国は、宗族制の原理の上に立つ諸都市国家内において、封建制の上に立った諸豪族が次第に頭をもたげてきて、ついに都市国家の君主にとって代ろうとする形勢を示していた。豪族による都市国家の寡頭的支配はすでに確立していた。中国の古代社会はまさに都市国家から封建国家へ転換しようとする時機に際会したかのように見える。

とくに魯国においては、孔子の生誕に先だつこと十年、西紀前五六二年に、三桓氏のなかでももっとも有力な季孫氏の季武子の発議にもとづいて、今まで上軍・下軍の二軍組織であった魯国の軍隊に、中軍を増し、上・中・下の三軍組織にする案が出され、宰相である叔孫穆子《ぼくし》の承諾を得た上で実施された。三軍を三桓氏の三家に一軍ずつ分け、国軍を完全に三家の私兵に改めようとするのがこの案の目的であった。まず国家にぞくする戦車はすべて破毀された。季氏は自家の分け前である一軍にぞくする郷党の士で、季氏に臣従することを誓うたものは、みな国家の賦役を免除し、すべて私臣と化そうとした。孟孫氏・叔孫氏は半分だけ私臣としようとした。

この政策は孔子の十六歳のとき、紀元前五三七年になって、一軍を廃止し、一軍を季氏が私有し、他の一軍を孟孫氏・叔孫氏が半分ずつもつことになった。孔子生誕の十年ばかり前に、国軍は完全に三桓氏の私軍と化してしまい、さらに孔子の十六歳のときには三桓氏のなかでも、とくに季氏の力が強く、軍の半ばを支配して、完全に独裁政治を実現したのである。

孔子はこの三家の寡頭政治の下の魯国に、三家のなかで季氏にくらべると勢力の弱い孟孫氏に仕えて、たびたびの戦闘に武勲をたてた勇士を父として生れた。かれは中国がまさに宗族制の都市国家から、封建制国家へ転化するかと見える時機に、新たに勃興してきた武士階級の子として生れたのである。このような時代と環境の下に生れた孔子は、しかし単なる運命の子ではなくして、自己独特の変った道を開拓していった。かれのたどった道は、中国古代都市国家を封建国家に転換する線ではなくて、黄金時代の古代都市国家の制度を回想しつつ、封建国家を乗り越えて新しい官僚国家へと改変する線であった。かれは必ずしもこの後者の線を完全に意識したとはいえないが、かれの歩んだ道はこの線に連なるものであったと、わたくしは解釈するのである。

第二章　孔子の生立ち

一　孔子の誕生

孔子は西暦紀元前五五二年の冬ごろ、魯の国の開祖伯禽から数えて二十代目の君にあたる襄《じょう》公の二十一年、鄹《すう》という村の出で、鄹《すう》の叔紇《しゅくこつ》または叔梁紇《しゅくりょうこつ》ともいわれた勇士を父として生れた。孔丘、すなわち孔氏の丘というのが正式の名、すなわち中国のいわゆる諱《いみな》である。これは本人が自称する名前であるが、中国では他人がこれをよぶのを失礼として、別の字《あざな》を称する。孔子の字は仲尼《ちゅうじ》である。仲とは二番目の息子ということを意味する。孔子には兄が一人いたことは確かであるし、幼いときに父母に死に別れたという伝説があるから、たぶん二人兄弟の弟であったと想像される。孔子の誕生を尼丘という山に祈ったので、本名の丘と関係ある尼というのを字にとったといわれているが、この伝説は事実かどうかわからない。生れたのを五五二年の冬ごろと書いたのは、実は孔子の誕生の年月については、古くからいろいろの説があるからである。また母の名を挙げないのは、これも問題があるからである。生れた土地は鄹という邑《むら》であるというが、今のどこにあたるか、はっきりとはわからない。

孔子の伝記として、もっとも古いのは、漢の武帝時代に出た、中国の歴史の父ともいうべき大歴史家であった司馬遷の著わした、『史記』と名づける通史の一篇をなしている「孔子世家《せいか》」である。中国第一等の歴史家であった上に、孔子の学問と人格に深く傾倒して、自分こそ孔子の道を漢の世にひろめる使徒であると自任していた司馬遷が、とくに精魂をこめて筆をふるったので、高遠な理想を抱きながら、その志を得ず、諸国に流浪してたびたび危難に遇《あ》った孔子の不運の生涯が、まざまざと描き出されて、読者の胸を強くうつものがある。『史記』全百三十巻のなかでも、「孔子世家」は出色の出来栄えを示す一篇であるといってもよい。

いったい、天才によって一度創造された典型を、そのまま踏襲して、容易にその枠の外に出ることをしないのが中国人の特性である。歴史の分野でも、天才司馬遷の著わした『史記』はそのまま歴史のあるべき形姿であると考えられた。中国の後代の歴史家は、みな司馬遷の『史記』の後を追うだけで、なかなかこれとは変った新しい歴史の形式を産み出すことをあえてしなかった。孔子の伝記でも、一度司馬遷が「孔子世家」を書くと、後人は、たいていの場合これを引き写しするだけに満足して、新しい観点から孔子の伝記を書こうとするものは、近代になるまで全然現われなかった。

しかし西紀前一世紀の人である司馬遷と、西紀前五、六世紀の人である孔子との間には、約四百年の時間が横たわっている。この距離はどんな史学の天才にとっても、たやすくこえることのできない深い溝である。司馬遷の時代まで残っていて、かれが利用できた史料は、われわれが今手もとにもっている史料と質的に大した相違はなく、量的にも貧弱なものである。

第一に挙げられるのは孔子と弟子たちとの問答を記した『論語』である。この孔子の断片的な言葉を載せた本は、孔子の抱いた思想と信念とがもっとも圧縮された形で述べられた美しい箴言集ではあるが、全く秩序を欠いた断章の寄せ集めである。孔子がいつどこに生れ、どんな父母の下にどんな家庭教育を受け、またいつ任官し、いつ退官して外国に旅に出たかなどというような、孔子の伝記を書く上でもっとも大切な諸点がどこにも詳しく書かれていない。

この『論語』の欠点を補うのは、魯国の年代記に孔子が手を入れたといわれる『春秋』という経書《けいしょ》と、孔子を祖とする儒教の三派の学者たちがこれに加えた三種の注釈書の『公羊《くよう》伝』

『穀梁伝《こくりょう》』『左氏伝《さし》』である。ところが『公羊伝』の襄公二十一年（前五五二）の経の本文には、

十有一月庚子、孔子生る。

と書かれているのにたいして、『穀梁伝』の方には、

冬十月庚子、孔子生る。

と書いてある。孔子の生れ月について、このように、『春秋』の学派によって十一月と十月との二つの異なった本文があるわけである。

いま一つの『左氏伝』の方では、生年月日についての記事がこの派の経の本文に載せられていない。『史記』の「孔子世家」は前の二家とは違って孔子の生れたのをその翌年、すなわち魯の襄公の二十二年（前五五一）においており、『左伝』の杜預《どよ》の注は『史記』に従って、襄公二十二年誕生説をとっている。孔子の誕生の年については、ここで襄公二十一年と二十二年との両説が対立している。孔子の伝記学者たちはこの時代の暦法をもとにしていろいろの推定説を提出したが、まだ確かな結論は下されていない。

孔子の歿した年については、『左伝』の哀公十六年（前四七九）に、

夏四月己丑、孔丘卒《しゅっ》す。

と書いてある。丘とは孔子の本名である。この孔子が亡くなった年が紀元前四七九年であっ

たこと自体は、今まで学者の間でほとんど疑問をもたれていない。

孔子は子夏をはじめ多くの弟子たちに、ねんごろにみとられながら此の世を去ったのであるが、この弟子たちの尊敬してやまない老師の薨去した年月日について、かれらは生前の師の思い出とともにこの年月日を正しく記憶したに相違ない。たぶんこの記憶は孔子の学派が次第に勢力を得てきたのちも、弟子から孫弟子に、またその弟子に語り伝えられたことであろう。『左氏伝』の伝える『春秋』のなかの孔子薨去の記事は、たとえいつ孔子の学派の者が魯国の年代記に挿入したものであろうとも、その正確さについて、今さら疑問をさしはさむ余地はないであろう。

後にも説くように、貧賤な孔子の生立ち、その不分明な前半生の経歴に関しては、多くは師より年若く、また孔子が成人したのち入門した弟子たちの間に、詳しい確かな知識が欠けていたらしい。『春秋』は魯国の公式の年代記をもととしたものであるから、国家の要職である卿の役についているものの薨去した年月日は必ず詳しく記録している。しかしこれらの卿の生年月日については記載された例が全くない。二伝ではこの『春秋』の常例を破って、一私人の孔子の生年月日を載せている。この記事が『春秋』のもととなった魯国の年代記の記録に、もとから載せられていたはずはなく、孔子学派のものが『春秋』を編纂するとき本文に挿入したものに相違ない。しかも、孔子学派の学者たちにどれだけ正確な孔子の生年の記憶があったか疑われる以上、この記事の根拠はかなり薄弱だといわねばならない。

『論語』のなかに、孔子がごく晩年になって、自己の一生を回顧して、

吾十有五にして学に志し、三十にして立ち、四十にして惑わず、五十にして天命を知り、六十にして耳順《したご》う、七十にして心の欲するところに従って矩《のり》を踰《こ》えず。(為政篇)

といった言葉がある。孔子が少なくとも七十有余の天寿を全うしたのは確実である。孔子の歿した年が哀公十六年だとすると、誕生の年が二伝のいう襄公二十一年であれば七十四歳、『史記』の襄公二十二年であれば七十三歳になり、どちらでも許容することができる。

いったいどの国でも、すべて古代の歴史において、ある出来事の起った正確な年代、年代学者たちが絶対的年代といっているものを明らかにすることは容易ではない。多くは歴代の王の在位年数をかりに確かなものとして、これを積算して、いわゆる相対的年代にあたる紀年をこしらえているにすぎない。春秋時代の暦法については今でも学者の間に多くの論争点が残されているから、『春秋』の紀年すらこの意味ではまだ相対的年代にすぎない。まして孔子のような微賤な境遇に生れた人の誕生の年月日の記事に、その厳密な正確さを求めること自体が無理である。結局、比較的確かな孔子の歿年と年齢とから逆算して許容範囲にある

二説のうち、根拠の不明な『史記』をすて、二伝の襄公二十一年説を、他に有力な証拠の出てくるまで、便宜的に採用して差支えないであろう。以下、孔子の年齢は一応これを基準として数えることとする。

司馬遷が孔子の伝記を書いたときの材料としていま一つ重要なのは、孔子の郷里である魯の地方に行われていた伝説の類である。そのうちあるものは、『礼記《らいき》』のなかの「檀弓《だんぐう》」という篇のような書物に書かれているものもある。もちろん司馬遷の時代には、まだ『礼記』は今のような形の本にまとまってはいなかったらしいが、そのなかでも古いこの「檀弓」のような篇は、司馬遷も読んで、そのなかから孔子伝の材料をとっている。

これと並んで、「孔子世家」のなかには、魯地方で語り伝えられていた伝説を採用したと思われるものもある。司馬遷は中国周遊の旅の途中、魯国に立ち寄って、曲阜城内の孔子の廟に参詣している。旅行の至るところで、地方の口碑・伝説を採集しているかれのことである。「孔子世家」のなかの出典の不明な記事のあるものは、たぶんかれが曲阜で地方の人から聞いた伝説にもとづいているだろうと想像される。

『史記』には鄹叔紇、また叔梁紇ともいうかれの父が、顔氏の娘との正規でない関係から孔子を生んだ、また尼丘という山に禱《いの》って孔子を授かったのだとも書いてある。孔子の母を徴在《ちょうざい》といったことは、『礼記』の「檀弓篇」にあるが、母が顔氏だというのは『史記』にしか出てこない。孔子の母が顔氏の出で、その名を徴在といったというのは、晩くともこのころの孔子の末孫が、孔家の系図のなかで伝えていたことである。これも他に反証の出てこない限り、一応そのとおり受けとっておくほかはない。

しかし孔子の母である顔氏が、叔梁紇の正夫人ではなかったということは重要である。孔子は叔梁紇を父としているのであるから、いわゆる私生児ではなかったかも知れないが、嫡子ではなくして庶子であったと考えねばならない。後世の儒教の学者たちは、聖人を私生児または庶子とするこの不敬の伝説を抹殺しようとして、いろいろの説を提出している。そのなかで、中国では昔から聖王などの偉人は、処女が天帝の精を受けて生れるという伝説があるから、尼丘に祈って孔子を身ごもったのは、この天の精を受けたものに外ならない、それを正規でない関係と称したのであるという説がもっともらしく見える。それは聖母マリアの処女懐胎の伝説との類似を考えさせるものであるが、しかし、天帝に感じたならばなぜそのまま書かないで、叔梁紇と顔氏との間に孔子が生れたとするのであろうか。合理主義的である司馬遷は決してそのような処女懐胎伝説の神秘をそのまま受けいれるはずはない。『史記』において叔梁紇と顔氏との正規でない関係から孔子が生れたことと、顔氏が子を授かるように尼丘の山に祈ったことと並記した司馬遷の客観主義を高く評価し、たとい聖人にたいしては不敬と見えても、司馬遷の伝える伝説は、伝説として、これをそのまま保存しておくべきであろう。

二　孔子の祖先

司馬遷の『史記』によると、孔子の祖先はもとは魯国から西南九〇キロにあたる宋国から移住してきたので、祖父は防叔伯夏といったといわれている。この時代の諸国の系図を集めた『世本』という書物には、宋国の湣《びん》公の子である弗甫何《ふつほか》から宋父《そうほ》、正考父《せいこうほ》、孔父嘉《こうほか》、木金《もくきん》父《ほ》、祁父《きほ》、防叔伯夏、叔梁甫(叔梁紇)をへて孔子に至るまで、合計十代の系図を載せている。この系図が正しいとすると、孔氏の祖先は王族から出た名家である。この孔氏の歴代のなかには、周の都洛陽に留学して、宋国の古い宮廷音楽の譜を整理して、今の『詩経』のうちの「商頌《しょうしょう》」という十二篇を編纂した正考父のような有名な学者や、その子で大司馬という宋国の陸軍大臣にあたる孔父嘉のような大将を出している。祖父防叔のときには魯国に亡命してきていたとしても、ともかく孔子の祖先は立派な貴族であったことになる。

しかしこの系図をよく見ると、宋の君湣公から孔父嘉までの五代と、防叔から孔子までの三代は確からしいが、その中間にある木金父・祁父という二代は、この系図以外の他の本には全然現われていない人である。いったい、戦国時代半ばごろから、中国の思想界には、木・火・土・金・水という五つの徳、すなわち五元素が循環して、宇宙界・人間界を支配するという五行説なるものが大流行していた。この木金父というのは、孔子の死後、戦国時代の半ばごろ、五行説が有力となってから、孔子学派の後学者によって、想像によってでっち上げられた名前らしく見える。防叔から孔子までの魯国の孔氏に伝わる系図と、宋の名族孔氏の世間に知られている系図とを、この架空の人物によって連絡しようと企てたのであろう。そうすると、孔氏が宋の貴族の後であるという祖先の伝説は、あまり信頼することができないことになる。

孔子は幼いうちに父と死に別れ、また母をも失って孤児となったといわれる。この母を葬ろうとして父の墓がわからないで困り、鄹の曼母《まんぼ》という女にきいて、やっと防という町にあった父の墓に合葬することができたという話がある。この話は、孔子の父である叔梁紇の墓が、その住所であった鄹の村にはなく、祖父の防叔が住んでいて、その名ともなった防の町にあったことを物語っている。父叔梁紇は鄹村の土着の人ではなく、魯国都から東約九キロにあたった防の町から移転してきたのである。祖先が宋国の人であったかどうかは確かではないが、ともかく祖父と父とが防から鄹へ居所を転じ、さらに孔子に至って魯の都の東の郭外に移ってきたのである。この時代の貴族はみな先祖代々の墓と宗廟とをもった町を本拠としてもっていた。町から村、また村から都へと、転々として移って、母の死後父の墓の所在すら不明になったという話がある孔子が、宋の名族の後裔であるという系図を自慢していたことがあったとしても、この祖父と父との二代は、貴族とよぶにはふさわしくない、みじめな境遇に沈んでいたことを示しているのである。

　孔子の祖父防叔の事蹟については、今何も伝わっていないが、父鄹叔紇に関しては、魯国の軍にぞくしてたてた武功譚が、『左伝』のなかに二つ残っている。一つは前五六三年、偪《ふく》陽《よう》という城の攻囲戦においてかれが示した武勇の片鱗である。偪陽は今の山東省嶧《えき》県の西の無名の小国であるが、中原と江南とを結んだ交通路線上の要点であった。これより前、晋を盟主とした中原の諸都市国家群は、今の武漢地方を根拠とした南方の蛮族の強国である楚《そ》の北方侵出に、たえず脅かされていた。兵力で正面からこれを防ぎとめることはなかなか容易でないので、今の蘇州に都をおいた新興の蛮族の国である呉《ご》をそそのかし、楚国と戦わせて、その北侵の勢いをそごうとした。中国が得意とする夷をもって夷を制する外交策は、実にこの古い時代にも盛んに行われていたのである。

偪陽の城は山西省南部から河南省北部まで伸びていた晋国と、江南地方の呉国とを結ぶ水路の交通の要衝にあたっている。晋は中原同盟国を召集し、呉国の君主も列席させ、楚国との対抗策をはかる列国会議を開いた。そしてその結果、この偪陽に列国の一である宋国の名相とうたわれた向戌《しょうじゅつ》をおいて、この交通路を確保しようとして、土着の小都市国家偪陽城を攻めたのである。魯国も君主襄公以下この同盟軍に参加したのであるが、中原同盟軍からすると取るに足らぬように見えた小城が、実は要害堅固に防衛されていたので、その攻囲戦は案外の難戦となった。

一挙に攻略しようとしたが、なかなか落ちない。そのうち、城門がさっと開かれた。諸国の勇士たちは、自分こそ、この国際的な戦場で手柄をたてようと、先を争って飛びこむと、それを見すまして、門の扉がばたりと下された。驚いて出ようともがくなかに、孔子の父郰叔紇が少しもあわてず、木の棒で門の扉をこじって、これをぐっとさし上げたので、列国の勇士どもがやっと逃げ出すことができた。門の戸を一人でこじ上げた叔紇の腕力は驚くべきものであった。この勇名は魯国のみならず、列国にとどろきわたったに相違ない。このときの魯国の軍将は豪族孟孫氏の当主である孟献子《もうけんし》であった。孟孫氏の勇臣たちのなかでも、秦《しん》菫父《きんほ》という者は、城の側から、攻囲軍の勇者を試みるために下された布にすがって城壁をよじ上り、いま少しというところで布が切れて落下して気絶したが、息をふき返すとまたすぐよじ上り、三度くり返した。城側でも歎賞して、布をまき上げたことが書かれている。こんな向う見ずではなくて、沈着でしかも底知れぬ力を発揮して同僚を救った叔梁紇の武勇は、外目には華々しくないが、かえって大勇、真勇と評すべきものであろう。武名に輝く孟氏一門のなかで、孟献子はとくに好んで勇士を召しかかえたといわれるから、きっと孔子の父の顕わした武功は人の目にとまったに相違ない。後に孔子が孟孫氏の子弟の教師に聘されるようになる伏線はここに潜んでいる。

偪陽の役によってその武勇を認められた孔子の父はこののち魯国で軍人として重用されだしたらしい。これから七年後(前五五六)、魯の北隣の強国、しかもかつて桓公のとき中原の盟主となった伝統をもち、魯国が春秋時代を通じて絶えず脅威を受けていた恐るべき敵国である斉が侵攻してきたことがある。斉軍の一軍は、魯の名家臧孫《ぞうそん》氏の本家のいる防の町を囲んだ。魯の都から援軍が派遣されたが、斉軍を恐れて城に近寄れない。このとき防城に立籠った防衛軍のなかで一方の軍将をうけたまわっていたのが孔子の父郰叔紇であった。かれは臧氏の一門と謀って、万一の場合のため臧氏の当主を避難させようと発議した。臧氏の兄弟と三百人の武士をひきつれ、当主臧孫紇を奉じて夜陰にまぎれて斉軍の囲みを破って魯の援軍にこれをとどけると、直ちにまた斉軍の囲みを衝いて防城にひき返した。

目に余る敵の大軍の囲みをおかして、友軍に連絡することすら、非常な勇気を必要とする仕事であるが、この目的を果すと、直ちに踵を返して、攻囲を受けて落城の危機にひんしている本城にはいることは、いっそう大きな勇気を要するしわざである。単なる勇気ではなく、自己の義務にたいする強い責任感があふれているものでなければ決して果せないことである。孔子の父は、よくこのような困難な仕事をやりとげたのである。

孔子の父がたてた二度の武功について注意をひくことは、それが敵将の首級を挙げたとか、一番乗りをしたとかいう、勝ち戦における華々しい手柄ではなくて、閉じこめられた城門から同僚を救け出すとか、包囲された城から援軍のもとに主君を送りとどけるという、地味な種類にぞくしていることである。孔子の父は力は万人に優れ、また不敵な勇気をもった武士にはちがいないが、決して向う見ずの猪武者ではなく、思慮分別に富み、そして本務に忠実な、沈勇にしてしかも忠節心のあつい理想的な武人であったのである。このような孔子の父は、平時においても、きっと徳義心の強い、堅固な意志をもった人であったにちがいない。

春秋末葉の都市国家の解体期に際して、崩壊する社会の秩序を、いわゆる周公の道という理想の制度によって再建しようとして、不屈不撓の奮闘をした孔子の英雄的な性格は、理想的な武人であった父叔梁紇から遺伝されたものと解釈することができる。

『史記』によると、孔子は身長九尺六寸もあり、世人からのっぽといわれ、異人あつかいされていたと書かれている。漢代の尺度は今よりは短く、普通の成人の身長を七尺とし、高い人の身長を八尺としているから、九尺六寸というと人並外れた巨人であったわけである。戦国末の孔子派の代表的な学者である荀子《じゅんし》が、孔子は背が高く、弟子の仲弓《ちゅうきゅう》は低かったと述べている。司馬遷がよったのはたぶん漢代に魯地方に残っていた伝承であろうから、その身長は正確ではないが、孔子がひときわ背が高かったことは事実かも知れない。この長大で強壮な肉体も、たぶん魯国の有名な勇士であった父からの遺伝であろうと解することができる。

孔子が晩年に隣国である衛を訪《と》うたとき、その殿様の霊公から戦術の講義を依頼されて、

俎豆《そとう》のことはかつて聞けり、軍旅のことは未だ学ばざるなり。（衛霊公篇）

と答えて、憤然として衛国を辞去したことがある。衛公が、魯国の名声高かった勇士の子であり、またそれにふさわしく堂々たる体格の孔子を見て、まず戦術の講義を聞こうとしたのは、決して無理ではなかった。しかし武士の子として生れ、それに適した肉体に恵まれながら、孔子の志したのは、不思議にもいわゆる軍旅のこと、すなわち武士として軍将に出世す

ることではなく、いわゆる俎豆のこと、すなわち礼楽によって世を治める政治家として、世に立つことであった。

三　幼年時代の環境

孔子の幼時については、宋国の貴族を祖先とした名家であるという系図が、無条件で事実と考えられていたので、貴族的な生活環境にあったと想像されがちである。孔子の新しい評伝を書いた中国の文人林語堂なども、孔子を極度に洗煉された趣味と繊細な感情をもった貴族として理解した。その日常生活も貴族らしい高雅なものであったと考えている。成人したのちの孔子が、貴族らしさ、すなわち君子というものを、人間修養の理想としたのであるから、貴族生活にあこがれをもったことは、否定できない事実である。この貴族生活にたいするあこがれは、かれの幼年時代の生活が、全然これとは縁遠いものであり、そのため充足されなかった欲望から生れたと解釈しなければならない。

孔子の父である叔梁紇は、その家柄に応じた官位・爵禄・世望を生れつきにもっていた貴族ではない。かれの勇士としての名声と位置とは、かれの優れた武術と勇気とによってうちたてた、目ざましい武功に負うものであったことはいうまでもない。かれは世襲的な貴族階級ではなくて、春秋中期以後目立って進出してきた、習得した武技によって貴族に召しかかえられ、それによって禄を食《は》む、武士階級にぞくしていたのである。

貴族、すなわち君子は、農村に広い領地をもち、そこから上る収益によって衣食するものであるが、同時に都市国家の近郊に別荘を構え、平常はそこに居住する習いであった。貴族すなわち君子は、狭義の都市国家の城壁内、すなわち国のなかに居住する都会人である。これにたいして被支配者なるがゆえに小人と称されたものは、都市国家の城壁外、すなわち野《や》に居住する農民大衆であった。鄹叔紇を父とした孔子が、初めて魯国で役人に就任し、魯国の宗廟の祭祀に奉仕したとき、魯国の人たちは、

孰《たれ》か鄹人《すうひと》の子 礼を知るというか。（八佾篇）

と嘲ったといわれる。鄹人の子とは、魯国の都の曲阜にすむ都会人である貴族階級が、田舎に住む武士の子をさげすんでよんだ言葉であった。たとえ叔紇の晩年は、武功によって相当な軍将の位置に取り立てられていたとしても、成上りの田舎者で、しかも生来の武骨者であって、その生活ぶりは、生え抜きの都会人である貴族のような上品な奥ゆかしさを欠いていたことは、明らかであろう。

そのような新興の武士階級を父とした上に、母の顔氏も決して魯の名家の女ではなくて、無名の庶民の出らしい。しかも顔氏と叔紇とは正規の結婚をした間柄ではないともいわれている。その関係からであろう、孔子は早くから父と別れたのみならず、母とも死に別れて、全く頼りとする人のいない孤児となってしまったと伝えられているのである。孔子の幼時の環境は、普通に想像されるような恵まれた貴族生活とは似ても似つかぬ、貧窮孤独まことに悲惨をきわめたものであったのである。

孔子の時代に中原に進出してきて、魯国も一時は盟主と仰いだ呉国の大臣が、孔子の弟子で魯の外交使節となった子貢に、「貴下の師である孔子は聖人だという評判だが、それにしては小事に堪能すぎるではないか」と質問したことがある。これを聞いた孔子が子貢に向って、まことに大臣のいうことは当っているとして、

吾少《わか》くして賤しかりき、故に鄙事に多能なり。君子多ならんや、多ならざるなり。（子罕篇）

と答えたことがある。がんらい、

君子は器ならず。（為政篇）

との孔子自らの言葉にもあるように、貴族的人間の典型である君子は、特殊の職業に適する

ような専門の技術に習熟しているものではなく、かかる職業人を支配するものとして、何よりも全人的な教養をもつものでなければならぬとされていた。それであるから、俗事に多能であることは、まことに君子らしくなく、また貴族らしくない、聖人にはふさわしくない人間的な大きな欠陥であると見なされたのである。しかし孔子は自分が貧乏で賤しい身分に生れたので、やむをえず、貴族らしい全人的な教養を後にして、まず特殊な職業的な技術の習得に力を尽さざるをえなかったと告白しているのである。

孔子が習得した職業的技術は何であったか、『論語』はこれを詳しく語らない。孔子が弟子に向って、

吾何をか執らん。御を執らんか、射を執らんか。吾は御を執らん。（子罕篇）

といったことがある。かれは、武士の修行として欠くことのできない、有事の際、戦車を御し弓矢をとって敵を倒す武技を、決して、それほど得意とするものではなかったらしい。これは武勇でもって魯国に名をなした郰叔紇のような武士の子としても、まことに意外なことである。堂々たる巨軀と、たぶんこれにふさわしい腕力をもち、しかも叔紇のような勇士の子として生れながら、かれは敵を倒す弓術よりはむしろ馬車を御する馬術の方を好んだけれども、職業的軍人として成功しようとは願わなかったのである。

『史記』が伝えるところによると、孔子は幼い時に遊びをするのに、いつも三方《さんぽう》を並べて神様に供物をささげる真似をしたという。この伝説の真偽は保証しかねるが、まことにありそうな話である。武士の子として生れながら、かれが年少にして志したのは、

吾十有五にして学に志す。(為政篇)

といったように、学問の道に外ならなかった。自分の遺伝された資質と、なれた環境からはなれて、縁遠い学問を選んで、貧乏な生活の資を、これを頼りとして得ようと決心したのには、どんな動機がはたらいていたのであろうか。残念ながらこれについては、今何も明らかではない。孔子は自分で、

四十にして惑わず。(同)

といっているから、学問に志した当初から、四十歳でようやく一家をなすまでの間は、定めし煩悶を重ねたことでもあろう。そして、

五十にして天命を知る。(同)

といっているから、五十歳にして、はじめて学問することが天から自己に与えられた使命であると悟っている。かれの後年の心境からすれば、学問は天から課せられた使命であろうが、いったい誰にすすめられたとしても、ともかくこの学問は、

古《いにしえ》の学者は己のためにす、今の学者は人のためにす。（憲問篇）

といって、当今の学者は他人に見せ、他人に誇るため、すなわち手段としての学問であるが、古の学者、すなわち理想の学者は学問それ自身を目的として学問するといっているのである。学問の道を選ぶというより、自然に学者の道にはいっていったという方が適当であろう。

四　孔子の受けた教育

孔子は十五歳（前五三八）のころに初めて学問の道に志したと自分で述懐しているが、いったい誰を先生と仰いで、これについてどんな教育を受けたのであろうか。『論語』などでも、孔子の若い時に受けた教育について、少しも述べていない。ただ孔子が学者として有名になってから、それもたぶん孔子の死後のことであろう、衛国の公孫朝《こうそんちょう》という貴族が、孔子の高弟であった子貢に、孔子は誰について学問されたのかと問うたことがある。これにたいして子貢は、周の開祖である文・武二王の聖人の道は、衰えたとはいっても、まだ地におちてしまったわけではない。それはまだ人々のうちに残っている。賢い人はその大きな、重要なことを記憶し、賢くない人でもその小さい、細かいことを記憶している。そのどれでも文・武

の道でないはずはない。だから、

　夫子はいずくにか学ばざらん、しかもまた何の常の師かあらん。（子張篇）

すなわち、夫子はどこでも、誰にでも学ばれた。しかも誰か特定の師について定まって学問されたわけでないと答えたといわれる。

　貴族階級の子弟には、今の家庭教師のような特別の先生を常傭いにして、つけておくのが普通の習慣であった。であるから孔子のような学者は、きっと大学者から学問を授かったにちがいないと独りぎめにして、弟子に孔子のついた師のことを質問したのである。これにたいして子貢は、孔子は周の文王・武王の道を、書物にでも書かれた一つの整った思想体系のようなものとして先生から習ったのではない。現在の社会のうちに残っているその伝統をば、あらゆる人を通じて学びとったので、特定の師から授けられたものではないと答えたのである。

　また『論語』のなかに孔子が弟子を戒めて、

　弟子《ていし》、入っては孝、出でては弟、謹んで信、ひろく衆を愛して仁(者)に親しみ、行って余力あれば、もって文を学べ。（学而篇）

といった。父兄には孝悌を尽し、朋友には信義を守り、他人に親切にするなどという徳を実践したのち、はじめて文、すなわち先王の道を記述した本を読んで勉強すればよいといったというのである。

孔子はまた、

君子は食飽かんことを求むるなく、居安からんことを求むるなし。事に敏にして言に慎み、有道に就いて正す。学を好むというべきなり。（同）

といっている。君子たるものは、衣食住などの日常生活を簡素にし、議論は控え目に、実践は果敢にし、その実践した行動について疑問が起れば、有徳の学者について批判をこう、このようにするならば、真に学問を好むものということができるであろうといった。

道徳の理論よりはその実践に重きをおいた孔子が、師として求めたのは、道徳の理論を教えてくれる人ではなく、実践した行動について批判を与えてくれる人であった。その門下にはいってみっちり学問を教わる必要はなく、ただ時々意見を叩くだけで十分である。この意味から、子貢が孔子に常の師がなかったといったのは正しい。貧賤な武士の孤児として生れた孔子が、特定の高名な学者を師として、学問を受けたはずはないのである。

この時代には士以上の身分のものは、五家が寄って比《ひ》という隣組をつくり、五比が集まって閭《りょ》という大きい隣組をなし、さらに四閭が集まると族《ぞく》という町内会をつくり、さらに五族が党《とう》という部落会をつくり、五党が寄ると州《しゅう》という地域団体ができ、また五州が郷《きょう》という最高の地方団体を構成していた。これらを総称した郷党という団体は、もとは一定の土地に居住した地域的な祭祀軍事共同体であって、おのおのの共同体はそれぞれその長老を教師として、その団体にぞくする青少年を一定の期間教育する組織をもっていた。党に設けられた学校は序《じょ》とよばれた。孔子が十五歳で学に志したというのは、この郷の学校に入学したことを意味する。

郷党における教育は当時長者と称した老人を師として、氏神の祭礼をはじめとし、共同体の年中行事における行儀作法を習うことであった。当時の社会では、年長者にたいしては誰よりも尊敬をはらっていた。郷党のような田舎の氏神の祭礼にともなって行われる酒宴の席の作法を、孔子の学派で「郷飲酒礼《きょういんしゅれい》」とよんで『儀礼《ぎらい》』の一篇として記録し、また魯にいる学者たちは漢代でもこれにのっとって儀式と作法を教習していた。郷党における礼の基礎は歯《よわい》すなわち年齢階級におかれている。老人を招き御馳走をして、郷党のような地域団体に昔から語り伝えられてきた故事を話してもらうのが、この行事の一つの目的であった。郷党の小学における教育とは、青年として老人に仕える作法を習い、老人から部落の故事の伝授を受け、郷党の成員となる資格を獲得することに外ならない。

孔子は十五歳で、地方の小学に入学して、郷党の先輩に侍して、郷党の成員となるに必要な教養を受けたのである。その教養はがんらいは部落に語りつがれた訓戒的な物語で、地方的に局限された狭い知識に止まるものであった。しかし今まで河南省の中原の文化中心から遠く離れて東方に偏在し、国際的な外交戦の舞台で大した役割をもたず、他国に比較するとわりあいに平和を楽しんでいた魯国は、この時代には南方の蘇州に建国した新興の呉国の侵攻の正面に立つことになった。また国内においては、魯公と豪族との対立が、ついに君主の斉国逃亡を見るに至るまでの激しい社会変動が進行している。静かな郷党の内部まで、内外の緊迫した情勢は、目に見えぬ圧力をもって浸潤してきた。これは敏感な孔子の若い魂に影響を与えずにはおかなかった。かれは徐ろに頭をあげて、狭い魯国の都市国家の城壁を超えて、広い世界、すなわち上国、または中国ともよんでいた漢民族全体の運命を眼界に入れて、深く憂慮にとざされるようになったらしい。

第三章　孔子と先駆者

一　尚古主義

十五歳で郷党の小学に入学してから、郷里の老人について、郷村共同体の一員として恥かしくない礼儀作法の教育を受けてきた孔子は、自分で、

三十にして立つ。(為政篇)

といったとおり、三十歳には、とっくに郷村の老人教師の手をはなれて、独立独歩で学問の道を進む確固とした自信を得たのである。それはとりもなおさず、自己の学問の立場の自覚であったのである。まずかれ自身の口からかれの学問にたいする態度を語るのを聞いてみよう。

孔子は、

十室の邑《むら》にも、必ず忠信　丘のごときものあらん。丘の学を好むに如《し》かざるなり。(公冶長

篇）

といっている。戸数わずか十軒しかない小さい村でも、誠実で信義がある点では自分にも劣らぬ人はいるにちがいない。ただ自分のように学問の好きな人はいないだろうと、ふだんはたいへん謙遜な孔子が、強い自信をもって話したところから見ると、かれの好学心が人並外れた熱烈なものであったことは確かである。

かれの向学心の対象は、

述べて作らず、信じて古《いにしえ》を好む。（述而篇）

我は生れながらにしてこれを知るものにあらず。古を好み、敏《つと》めて求めしものなり。（同）

といったように、かれの生きている社会の現実にはなくて、遠くこれを超越した古代の伝統であった。それは古典のなかに書かれている世界そのものであった。

弟子たちが孔子の死後、師の学問の態度を追憶して、

子の雅言するところは詩と書。礼を執《おこの》うにもみな雅言す。（述而篇）

といっている。孔子は『詩』と『書』という古典、儒教でいうところの「経《けい》」を読むときには、魯国の方言ではなくて、周の標準語を使用した。儀式を行う際にも標準語で話したというのである。かれが何よりも愛読したのは『詩』と『書』との経典であった。『論語』のな

かの主要な部分に出てくる、孔子と弟子との問答のなかで、いつも引用されているのはこの二つの経典であった。

『詩』『書』を愛読したといったが、そういうと少し食い違いがあって、愛誦したといいかえた方がいいかも知れない。『詩』『書』の語だけは日常の調子でなく改まって厳かに読まれたのである。『詩』とは、もとは周の王朝の皇祖皇宗を祭るときにささげられる、楽器の合奏につれて歌われる「頌《しょう》」という歌詞と、周の宮廷で賓客を御馳走するときの音楽の歌である「雅《が》」と、周国および諸国の地方から王朝にささげられた音楽の歌である「国風《こくふう》」の三つの部分からできている。このなかには殷王朝を打ち倒して周の王朝を建設した偉人である文王・武王の開国の祖先の功業をほめたたえたことばがたくさんふくまれている。

たとえば「国風」の一番初めの「関雎《かんしょ》」という詩の第一章は、

関関雎鳩。　　関関たる雎鳩《しょきゅう》は
在河之洲。　　河の洲にあり。
窈窕淑女　　窈窕《ようちょう》たる淑女は
君子好逑。　　君子の好逑《こうきゅう》なり。

すべて四字ずつで一句をなしていて、第三句を除いた各句の最後は、鳩・洲・逑のようにすべて同じ母音の字を使っている。このように、すべて四字句の韻文でできている『詩』は、がんらいは楽器の伴奏に合せて節をつけて歌ったものであるが、伴奏なしで読んでいても、非常になだらかなリズムをもっているので、自然に声を大きくして、抑揚をつけて口ずさみたくなる。このようにきまった形式の韻文である『詩』は、書物に書いた歌詞を参照しなくても、口拍子でおぼえて暗誦しやすい性質をもっている。

宮廷には専属の楽団があり、多数の盲目の楽師、いわゆる瞽師《こし》が『詩』の演奏にあたっていた。

わが国の徳川時代の大学者である盲目の塙保己一が、大部の書物を暗誦して、あの『群書類従』という大叢書を完成したのでもわかるように、盲人は一般に非常にいい記憶力をもっている。周の盲目楽人たちは、歌詞も楽譜もなく全く記憶だけで『詩』を演奏し、かつ唱ったのである。そして『詩』の歌詞も楽譜もすべて父から子へ、師から弟子へと口伝えに教えこまれたものであった。

周の王家専属の楽団の盲目楽人たちの家には、『詩』の歌詞と楽譜とが先祖代々こうして口伝えで保存されていた。周の分家である魯の国の宮廷にも、周から楽師の一団が派遣されていた。郷里の小学で行儀作法を習い、故事をおぼえた孔子は、やがて魯の都である曲阜に来て、大学に入学し、そこで宮廷の盲目楽人たちについて『詩』の伝授を受けたであろうと想像される。

『論語』には孔子が瞽者、すなわち盲目楽人に会うと、自分より年が若くても必ず座を立って礼をしたと書いてある(子罕篇)。また師冕《しべん》という楽師が訪問してきたとき、階段の所で、「段です」と注意し、座敷に上ると、「ここが席です」と告げた。弟子たちはその応接があまりに丁寧なのに驚いて、孔子にいったいそんな礼があるかと反問した話が載せられている(衛霊公篇)。楽師は世襲的な職業で、貴族たちから賤民として軽蔑されていたのであるが、孔子は同じ人間として取り扱ったばかりか、さらに師として礼を尽したのであった。

現在は『尚書』ともよばれている『書』は、聖王である堯・舜をはじめとして、夏王朝・殷王朝などの諸帝と、周王朝の文王・武王・周公などの王侯宰相の民に下した勅語をおもに集めている。しかし孔子の時代には、殷王朝以前の書の部分はまだできていなくて、周公の訓戒を伝えた部分だけしかなかったろうと推定されている。『書』の文章は『詩』のように四字句ではなくて、長短さまざまの句法である上に、韻文ではないから、これを暗記して口だけで伝えることは『詩』にくらべるとずっと困難である。ひょっとすると口頭だけではなくて、書物の形で伝承されたかも知れない。この時代の本は紙でなく竹か木を削ってつくった札を多数革でつないだ、いわゆる竹簡・木簡の上に筆で書いたものである。このような形の書物は読書や保存にたいへん不便であるし、したがって流通の範囲も非常に狭かった。歴史上の記録も、周の王室および諸侯附属の歴史官、すなわち大史あるいは内史という官吏の役所に保存されていただけであろう。孔子はたぶん魯国の都にいる史官について、『書』を読み習ったのであろうと思われる。

礼については、孔子の時代にはもちろん今の『儀礼《ぎらい》』『礼記《らいき》』『周礼《しゅらい》』を合せた「三礼」といわれる礼を記録した書物はなくて、祖先の祭祀を司ることを本来の職としている宗伯《そうはく》という官吏をはじめ、魯国の中央・地方それぞれの役所、それぞれの貴族の家に祭儀の作法を伝えていたばかりであったらしい。孔子はそれぞれの儀式を司る役人から、それぞれの礼、すなわち作法を学んだのである。前にもちょっと引用した『論語』のなかに、

子大廟に入り、事ごとに問う。あるひと曰く、孰《たれ》か鄹人《すうひと》の子礼を知るというか。大廟に入りて事ごとに問えり。（八佾篇）

といったのは、これである。孔子は礼の大学者と評判されていたが、魯国の相当な官吏になって、初めて国の祖先の廟の祭祀に参列したとき、作法を一つ一つ宗伯の下僚たちに質問したので、田舎者の子供が礼の大学者といわれているが、怪しいものだと悪口をいわれたので

ある。孔子が専門の式部官についてその作法の伝授を受けた様子がこれによってわかるであろう。

向学心の旺盛な若い孔子は、まず郷里の小学で博識の老師について、郷党の礼をば習得したのち、魯国の大学で楽師や史官について『詩』と『書』とを学びつくし、礼官についてあらゆる礼の伝授を受けた。しかしかれはそれだけに満足しなかった。

魯の国都曲阜の東南一七〇キロにあたる今の郯城《たんじょう》県に郯という国があった。紀元前五二五年、この国の君主、すなわち郯子《たんし》が魯の都に入朝してきた。この外国の君主を迎えて開かれた歓迎宴会の席上、魯の宰相である叔孫昭子が、古代の少皞《しょうこう》子という帝王の御代は、すべての官職を鳥の名でよんでいたといわれるが、それは何故であろうと質問した。郯子はこの問にたいして、黄帝という聖帝は雲の名を官につけ、炎帝は火の名をつけ、共工氏は水の名をつけ、大皞氏は竜の名をつけたという。少皞氏は自分の国の祖先であるから、その理由をよく知っている。それは霊鳥といわれる鳳凰がこの帝の御代に天から降ってきたから、その瑞祥によって鳥を官の名につけたのだといって、詳しく百官の名を暗誦してみせ、魯の百官を煙にまいてしまった。

孔子はその話を聞き伝えて、さっそく旅館に郯子を訪問して、詳しく少皞氏の故事を習った。帰ってきた孔子は、天子が官職を整備することができなくなると、その官職の故事が中国では失われて、かえって蛮夷の国に残るということわざがある。郯は南方の蛮夷の国だが、よくおぼえていたものだ。全くこのことわざのとおりだ、と人に語ったことが『左伝』に載せられている。

黄帝をはじめとする五人の聖人の皇帝、いわゆる五帝の伝説のでき上ったのは、孔子よりずっと下って戦国時代の半ばごろ以後にぞくする。五帝の官名の差異を説いた郯子の弁論の内容もまた、この時代以後の附加である。しかしこの弁論の詳しい内容は問題外として、孔子が南方の蛮夷の君主である郯子にたいして古代の遺制をたずねたといわれる伝説は、戦国時代の魯国民のもっていた孔子の人間像を示すものと考えてもよいであろう。

相手が賤民である楽師であろうと、また蛮族の君長であろうと、身分と民族とを問わずに、孔子がへり下ってその教えを求めたのは古代の聖王の道である。とくに聖王のなかでも、『詩』『書』のおもな部分の著者と考えられ、また、周代の礼の創定者と見られている周公にたいする孔子の傾倒はひたむきであった。かれは晩年になってから、周公への愛慕の情が若い時代のような熱烈さを失ったことをなげいて、

甚しいかな、吾の衰えたる。久しいかな、吾また夢に周公を見ざること。（述而篇）

といっている。青年時代の孔子はいつも周公を夢に見ていたのであった。

かれが好んだ古は、具体的にいうと『詩』『書』の古典と、その古典を生活化した礼であったが、かれはこの古典の世界を愛し、理解することから、さらに進んでこの古典の世界の創造者である周公の偉大なる人格に想い至った。かれが周公を愛慕したのは、単にかれの祖国である魯国の公室の祖先であるという国家的な感情から出たものではなかった。かれは周王朝の残した礼楽をば、美を尽し善を尽したとして歎賞してやまなかったのであるが、その善美な礼楽をば、創造者である周公の完成された人間性の表現として理解したのである。かれの好古は古代の文物を愛玩するだけのいわゆる考古趣味ではなかった。古代の文物を、創造者の人間性と結びつけた点に、かれの特異な立場があった。かれの古代崇拝の念は、古代の文物にたいする美的な感情からよびさまされたものであるが、それを創造者の人間性への理解にまで深めたのである。かれの立場は一応尚古主義と定義することができるが、この尚古主義は死んだ古代の文化の尊重ではなく、偉大なる人間性の尊敬であったことを見失ってはならない。この人間性の尊重、すなわち人道主義がかれの根本の立場であったのである。

それは、勤務を終えて帰宅したかれが留守中に馬小屋が焼けたことを聞いて、

人を傷《そこな》えるか。(郷党篇)

ということだけを問うて、馬のことには一言もふれなかった、あの人間尊重の精神と相通ずるものだといってよいであろう。

このような大切な人間性が、もし伝統と矛盾衝突することがあったとしたら、どんな事態を生ずるであろうか。尚古主義においては、伝統は絶対的な権威をもっているから、人間性はその下におかれなければならない。しかるに孔子の尚古主義では、人間性の尊貴と伝統の権威とは、どちらも平等に価値を認められていた。このことは何を意味するであろうか。そこで孔子の尚古主義をさらに深く究める必要が感ぜられてくる。孔子の伝統主義を知るためには、かれの思想が形成された時代における中国の思想界の状態をふりかえってみなければならない。

二　賢人政治の時代

孔子が十五歳で初めて学問に志した西紀前五三八年から、かれが三十歳になってようやく学問で一家をなしだした西紀前五二三年に至る、かれの思想の形成期は、中国の政治史あるいは思想史の上ではいかなる時代にぞくするであろうか。ちょうどかれが三十一歳に達した西紀前五二二年に、中原の鄭《てい》国で賢人として名高い宰相の子産が死んでいる。このことはかれの修養の完成期を表徴する意義深い事件であるように思われる。

博学で一世にその名をはせた子産と並んで、魯国の北隣にあたる東方の強国斉では、『晏《あん》子春秋《ししゅんじゅう》』という政治学の著述にその名を止めている晏嬰《あんえい》という学者が大臣として在職している。また覇者である晋国では、正卿ではなかったが、政治顧問として有力であった物識りの叔向《しゅくきょう》がいる。これらの賢人たちが並列して、中原の諸都市国家で宰相または大臣として国政を動かしたのは、中国古代の政治史の一偉観であって、賢人による政治がここに実現し、賢相時代とよんでもよい一時代をつくっていた。子産が初めて鄭国の大臣の末席をけがしたのは、孔子の生れる二年前の西紀前五五四年のことであり、かれが薨じたのが、ちょうど孔子が三十一歳に達し、まさに自己の立場を自覚しだした時にあたっている。孔子の修養期はまさしくこの名宰相の在位と一致しているのである。

鄭の子産をかしらとして、斉の晏嬰、晋の叔向らの賢相に共通する特徴は、かれらが諸都市国家では比較的勢力の弱い氏族出身の貴族であることである。鄭国では春秋初期以来、君主の相続問題から、たびたび内乱が起ったので、国家の実権は卿すなわち大臣を出す貴族の手に帰していた。鄭国の卿を出す家は、穆《ぼく》公という君の子孫の七つの分家で七穆とよばれていた氏に限られていた。子産はこのうちでは正卿すなわち総理大臣を出したことがない家であるから、その勢力は正卿を出した駟《し》氏や良氏とはとても比較することはできなかった。

斉ではそのころ宰相を出し、栄えていたのは、崔《さい》氏と慶氏であり、これら旧家にまじって次第に実力を養ってきた陳氏があった。晏子が生れた晏氏は、山東省東部に居住した海辺の異民族から出た、賤しくしかも貧しい家であった。晋では韓《かん》・魏《ぎ》・趙《ちょう》・范《はん》・中行《ちゅうこう》・知の六氏が、六卿とよばれる大臣を出す家であった。叔向は晋の君主から出た羊舌《ようぜつ》氏という公族の人である。晋の公族は昔から勢力がなく、この時分には衰えてどの家もほとんど滅亡の淵に臨んでいた。叔向はこの滅亡にひんした晋国公族の最後の代表者のような観を呈している。

このようにそろいもそろって弱小氏族出身の子産・晏子・叔向が、なぜ鄭・斉・晋の国政を左右する要職につくことができたのであろうか。これは春秋時代の政治史上たいへん重大な事件であった。いろいろの解釈が成り立つであろうが、わたくしは何よりもこの事件を春秋中期において社会勢力が一時たもっていた均衡状態の産物であると解したい。春秋時代の初め以来、諸都市国家の政治の実権は次第に有力な貴族階級の手に帰して、晋では六卿といわれている六家、魯では三桓とよばれていた三家の寡頭政治の形に変化していた。しかし春秋中期には、この豪族の間に猛烈な実力競争が始まり、何度となく内乱をくり返すうちに、多数の豪族は、この内乱の渦中にはいって滅亡していた。残った少数の貴族の間で、ともかく国民の不安の念をしずめ、治安を保持するために、どの豪族にも偏せぬ中立者を総理大臣に推して、国政を運用させようとする空気が生れた。この中立者としては、旧来の貴族のうちあまり勢力が大きくなく、また従来総理大臣に選ばれたことがない家の貴族のうち、政治的手腕と博い知識とを兼備したものが、もっとも適当だと考えられた。弱小な氏族の子産や晏子や叔向などが宰相またはそれに近い位置に推薦されたのは、実に諸国におけるこのような対立する豪族の勢力の均衡状態から生れた現象であった。

子産や晏子などのような賢人は、かくして諸国内の勢力の均衡状態から、国民の輿望を荷って、国政を左右する職についたのである。このような賢相が、中国の諸都市国家の間において、国際的に非常な声望を博し、国際政局をも支配するような役目を果し、春秋時代において、賢相時代というべき一時期を画した。叔向は覇者たる晋国の顧問であり、晏子はかつて覇者であった斉国の大臣であるが、子産の生れた鄭国は、晋・斉の大国とは比較にならぬ小国であった。こんな小国の宰相が国際政局で大きな発言権をもつことができたのは、たいへん不思議なことである。子産よりは少し先輩である向戌《しょうじゅつ》という宋国の宰相が、かれに先だって外交史上で大きな功績を残している。宋も鄭と並んだ中原の小国にすぎない。小国の宰相が、なぜこのように中原の外交舞台で花形となることができたのであろうか。しばらくこの時代の国際情勢をながめてみよう。

この時代には、春秋十二列国とよばれる諸都市国家群は、北方の晋国を盟主とする都市国家の連盟と、南方の楚国を盟主とする都市国家の連盟と、二大勢力に分れて、相対峙していた。この北方都市国家の連盟と南方都市国家の連盟とは、春秋時代を通じて、猛烈に抗争しあって、宿命的な対立をつづけていたのであるが、この時代にはいる少し前、西紀前五四六年に、長期にわたったはげしい侵略戦争にうみつかれた中国は、この二連盟の中間地帯で、いつも両勢力の衝突地点となっていた宋国の名宰相向戌の主唱によって、晋・楚をはじめ斉・秦《しん》・魯・蔡《さい》・衛・陳・鄭・許・曹《そう》・邾《ちゅ》・滕《とう》などの十四国が出席して国際平和会議が開かれ、晋が覇者として支配する北方連盟と、楚が覇者として君臨する南方連盟との間に、内戦停止の協定が成立した。

この協定は不幸にして十年もたたない間に破棄されて、またも侵略戦争が開始されだしたのであるけれども、これにより国際的に戦争状態がややおさまって、以前の時代にくらべて、比較的平和な時代を現出した。晋・楚両国を盟主とした南・北両連盟の勢力が均衡をたもったことが、このような状態を生み出した基礎をなすものであるが、この国際的情勢を利用し、両国を巧みにあやつって、この平和を導き出す契機をつくったのは、この二勢力の接触地帯にあたる中原の宋・鄭・陳などの小都市国家の動きであり、その首導者は前の宋国の宰相向戌であった。この先人によってつくり出された南・北両都市連盟の間の均衡状態をば、さらに巧みに利用して、中原の国際的会議の花形となったのが鄭国の子産であった。小国の宰相である子産が中原において賢相時代の代表者となることができたのは、実に一時的な国際間の均衡状態のお蔭であったのである。

一時的な国内・国際の均衡状態に処した子産の政策は、まずこの一時的な平和を利して経済復興計画をうちたてることであった。鄭国は相次ぐ内乱と、晋・楚両連盟軍のかわるがわるの侵攻に国内は疲弊しきっている。しかも両連盟を和解させた代りに、両方に貢物を納めねばならぬ。子産は両国に使して、その博識と雄弁とによって、この負担を最小限度まで軽減することに成功した。しかし認めた負担だけは納めねばならない。そこでまず農地の区画を整理し、租税を増徴し、国民の消費生活を節約させ、一切の余剰をあげて農業生産力の増強をはかった。この経済復興策を強力に推し進めるためには、法律による強制が必要とされた。かれは法律を制定して、これを、祖先のお祭りをするときに使用する銅の器を新たに鋳造して、そこに銘文として鋳だした。これは中国における文章に書かれた法律すなわち成文法の起源となる重大な事件であった。

がんらい春秋列国の部族的都市国家では、部族共通の政治問題は、主要部族の会議によって決定される。この決議は貴族たちの血をすすった誓約によって実行が保証される。部族内の犯罪は部族の自治にまかされていたから、部族間の不法行為だけが、この会議の問題となって、多くは賠償金の支払によって解決されていた。部族間の紛争を解決するための個々の誓約があるばかりで、これらに通じる原則を記する一定の成文法が存在しなかった。部族に広い自治を認めるこの行きかたを、後世の儒教の学徒は、徳治主義という名のもとに理想化し、子産の成文法による強力統治を法治主義と名づけて非難している。このような観念的な理論闘争はまだなかったが、この成文法の制定は当時の中原の貴族階級に大きな衝動を与え、晋の賢人叔向は、都市国家の貴族政治の部族自治の原則から、子産にたいして長文の抗議の手紙を出したといわれている。

しかし、外国とくに覇者にたいする平和関係を維持するため、貢物にあてる収入を確保する必要から、国内の農産を増加し、さらに租税の体系を改めて、主要部族以外の一般人民から租税を徴収せねばならぬ。それであるから一般人民に統治力を浸透させるため、旧い部族自治の慣習を破った成文法を作って、これを公布することはやむをえない方法であった。子産の改革は、最初は国民からは反感をもたれ、国外からは非難を受けたが、三年ののち、農地改革による農業生産力の増大が実現するとともに、今までの呪詛が謳歌にかわったといわれる。

経済復興のためには、農地を整理し、部族自治の原則を破って成文法を公布して、強力に政治経済上の改革を進めた子産は、すでに旧来の都市国家の貴族政治の伝統にたいして、ある程度まで批判をもっていたと思われる。政治上では進歩主義者である子産は、これらの合理的な改革と相応じて、思想的にも伝統を批判する合理主義者として現われた。

中国の古代都市国家が祭祀共同体であったことは、すでに指摘したとおりである。祭祀共同体である都市国家においては、政治と祭祀とは分化しないで、いわゆる祭政一致の状態にあった。政治は天の意志にもとづいて行われるべきであると考えられた。天の意志はどうして知ることができるか。天を神格化した帝という神にたいする信仰は、春秋時代にはかなり動揺していた。天は形をもった人間ではないから、天の意志は人民一般の意志によって現われるという思想が、すでに一方では存在している。

しかし一方においては、天の意志を呪術によって知ろうという信念が、強く残っている。中国で今知ることができる最古の王朝である殷では、天の意志を亀の甲を焼いてできる割れ目によって判断する亀卜《きぼく》という魔術が盛んに行われた。この亀卜は周代でも承けつがれ、春秋時代でも、大切な戦争を始めるときには、その大将をば亀卜によってきめたくらいで、まだ国家の制度として残存していた。亀卜は亀の甲を加工して保存する上にも、またこれを焼いてトうにもたいへんな面倒がかかるので、実際これを使用するのは、戦争のような国家的な大事件だけに限られていた。

亀卜と並んで、さらにこの時代にはやった筮《ぜい》という魔術がある。これは竹を削って箸のような形に作った多数の筮竹からぬき出した本数をもととして、吉凶をきめる方法である。がんらいは亀卜の補助としてできた魔術であるが、次第に発達して、亀卜とははなれて独立の魔術となった。春秋時代には、その手続が簡単なために、天の意志を知るのに、この筮の魔術がよく使われた。亀の甲を焼いてできる割れ目を見て天帝の意志を判断するのにくらべて、この筮竹の数できめる方法は、竹の取り出し方や計算の仕方に、暦の常数である月数・日数などをとり入れ、天体の運行とも関係づけることによって、いっそう複雑化されて、非常に人工的な神秘主義がつくり出された。亀卜もまた本質的には一つの神秘主義であったが、まだ単純なものであった。これにたいして筮には暦にともなって進歩した計算法が応用された結果、さらに数をもととした形而上学にまで発展してきた。しかしどんなに発達し、数量化されたとはいっても、これを天の意志の現われとして見るかぎり、魔術の一種に止まっていた。

そのほかたとえば日食のような天体現象、風雨のような気象、候鳥《わたりどり》の来往や、蝗《いなご》の災害などのような生物界の現象や、さらに火災のような人事現象まで、すべて天の意志を反映するものと解釈されていた。あらゆる自然界・人間界の異常な現象は、天帝が人間に災害を予告するものと見られていたのである。

西紀前五二四年、中原地方を激しい大風が襲って、宋や鄭などの四国に大火災が起ったことがある。その前年に鄭国の卜師が、天象からこの火災を予告して、今から祭りをして災害をはらおうと総理の子産にすすめたが、子産はこれを拒否した。大火災がやんだのち、この卜師はもう一度火災がくると予言したので、鄭国の上下が大動揺して、国都を他所に遷そうと進言するものさえあった。子産はこれにたいして、

天道は遠く、人道は邇《ちか》し。

といい、人道すなわち人間界を支配する道理は、近いから人間にわかるが、天帝の意志である天道は遠いからわからない。人間の卜師がどうしてこれを知ることができるだろう。卜師はいつもいろいろと予言しているのであるから、時には今度のように当ることがあるが、そ

ういつでも当るとは限らないといって、どうしてもきき入れなかった。果して鄭国には火災が続いて起らなかったという話である。

火災の後始末がすんでから、二月目には、子産が土地の社を祭って大祓《おおはらい》を行ったといわれているから、子産も自然界・人事界の災害は、天帝の意志によって起るとは信じていたかも知れない。ただ人間界の出来事はある程度まで予知することができるが、天の意志で起る災害は予知することが困難だと考えたところに、卜師をはじめ鄭国民たちを抜く見識があった。天道すなわち超人間的な世界と、人道すなわち人間世界とをはっきり区別したのであるから、かれにおいては可知と不可知とを人間の理性によって弁別する合理主義的な立場が萌芽していたことは明らかである。かれの法治主義的な政治改革の根柢にはこの合理主義的な精神がひそんでいることは、注意深い読者はたぶん見逃されないであろう。合理主義の目覚め、それはすなわち啓蒙主義にほかならない。かれ子産は、中国古代思想史上において、最初の啓蒙主義者としての大きな役割を果したのである。そして賢人政治時代を特徴づけるものは、この啓蒙主義の勃興であるといっても差支えないであろう。

祭祀共同体であった都市国家の祭政一致の政治がここに崩れだし、都市国家の要素をなした部族の独立性が弱まってきた。成文法の制定は、政治と宗教との分化を意味する。天道を不可知として、可知な人道と区別することは、宗教と学問との分化を意味する。賢相時代に出現してきた社会の新動向は、すべてこの啓蒙主義を基調とするものとして理解することができる。不完全ではあるが、人間性の自覚がこの時代において生れつつあったのである。

三　先駆者にたいする孔子の立場

孔子が三十歳に達するまでの、すなわちかれの学問が形成される時期は、前にも述べたとおり賢相時代の代表者である子産の活躍していた時と一致している。孔子は青年時代に魯の君から車と馬とをもらって、はるばる西方の周の都である今の洛陽に行き、学問上の先輩である老子にお目にかかって、礼のことを質問して帰ったという話が、『史記』の「孔子世家」にのっている。もしこの話がほんとだとすると、この洛陽旅行の道すがら鄭を訪ねて子産に面会する機会もあったはずである。しかし道家思想は儒家思想よりも後に発達したばかりでなく、この開祖である老子がほんとに歴史上に実在した人物であったかどうかさえ疑われている。これは道家が流行してからのちに、孔子と老子とを結びつけるために作り出した一場の作り話にすぎない。ずっと後、三十六歳の時に斉国に行ったのが、孔子の国外旅行の初めだから、三十一歳のとき卒した子産とはついに直接逢う機会に恵まれなかったらしい。

孔子は壮年時代に斉国を訪れ、その期間は不明であるが、しばらく滞在していた。その間に斉の君である景公に謁見して、君臣間の道徳について問答したことが『論語』「顔淵篇」にのっている。『論語』のなかのいわゆる「下論」という新しい編纂にかかる部分のなかにあるので、この問答がほんとに両者の間にとりかわされたものを忠実に写しているかどうか多少疑問である。孔子はまだ無名の貧乏武士の子であるから、少なくともこの時期に景公に謁したのではなさそうである。大臣である晏子にも、この時に対面したらしくもない。ただ斉都で人気政治家であった晏子の評判をよく聞いたと見えて、孔子が、

晏平仲(平仲は晏子の字《あざな》)よく人と交り、久しくして人これを敬う。(公冶長篇)

といった言葉が『論語』にのっている。後に司寇《しこう》という大臣の職についた孔子が、魯の定公という君のお供をして、斉景公と会議を開いた席上、東夷の舞楽を奏することよせて、武威によって魯国を屈せしめようとした斉の策謀を見破って、景公とその宰相晏子をば叱りつけた物語が『春秋』の三伝にのっている。この話は少し誇張されている気味はあるけれども、魯とは隣国の斉の大臣であった晏子は、孔子よりは先輩ではあるが子産よりはずっと後まで長生きしたらしいから、魯の政治家となった孔子が顔を合せる機会がありえたことは否定で

きないが、真実であるかどうかわからない。

孔子が春秋時代の有名な政治家たちについて批評した言葉が『論語』のうちにはかなり多くのっている。そのなかで、斉桓公の宰相で、中原の諸国を糾合して北方連盟を創立し、蛮族の侵入を防禦した管仲《かんちゅう》の偉業が四度問題とされ、これにつづいて子産の功業が三度言葉に上っている。斉桓公をたすけて功を完成した管仲の恩は、

> 民今に到るまでその賜を受く。管仲なかりせば、吾それ髪を被《こうむ》り衽《じん》を左にせん。（憲問篇）

と孔子もいったとおり、その時まで中国人民一般が受けている。管仲が蛮族を防衛しなかったら、中国の民はきっと髪をさんばらにし、左前の衣服をきる蛮夷の俗に化したに相違ないといったといわれる。『論語』では、晏子についで子産が多く問題となっている。

斉の管仲と、楚の宰相であった子西《しせい》と、子産を論じて、

> あるひと子産を問う。子のたまわく、恵人なりと。子西を問う。のたまわく、彼か、彼かと。管仲を問う。のたまわく、人なり。伯氏の駢邑《へんゆう》三百を奪い、疏食《そし》を飯《くら》い歯《とし》を没《おわ》らしめて、怨言なしと。（同）

子西をば取るに足らないとしてすて、子産と管仲とを並列した上で、子産を人情に富む人

としたのにたいして、管仲にたいしては、かれがたとい人を厳重に処分しても、人はその処置に服して死ぬまで怨まないほどの大人物だとしている。子産は管仲に比較すると人物は小さいが、それでもかれとともかく並び称することのできる人物と見ているのであった。自己の先輩として子産に十分に敬意をはらったことは確かである。

孔子はこのように尊敬した子産を代表とする賢相時代から、文化を受けついだわけであるが、この前時代から何を受け、それをどういうふうに発展させたであろうか。賢相時代をいかに批判し、これにたいして自己の立場をどんなにして作り上げたであろうか。そしてこのことを明らかにするためには、子産と孔子とが生きた環境の差異を考えてみなければならない。春秋時代の都市国家は貴族制をとっていたのであるから、まず両者の身分が問題となるであろう。

子産は前にもいったとおり、鄭の君穆《ぼく》公から分れ出た七穆と称する公族の一家である。七穆のうちでは比較的勢力は弱かったといっても、大臣の位に列することができる名門である国《こく》氏に生れた、貴族の子である。これにたいして孔子は、祖先は宋国の公族だという系図を誇っているが、早く故国を亡命し、四代前の高祖が魯に移住してから、落ちぶれて、田舎で居処を転々した孔氏の遠孫ながら、武功で魯国に少し名を知られるようになった叔梁紇を父として生れた、田舎武士の子である。生れながらの品格をもち、長い伝統をもった教養を身につけた貴族の子である子産は、貧寒な家庭に生い立って、乏しい生活に追われながら、刻苦して、知識を一から十まで他人を師として学んでわがものとしていった貧乏武士の子である孔子の目にどんなふうに映ったであろう。

孔子は子産のことについて、

君子の道四つあり。その己を行うや恭、その上に事《つか》うるや敬、その民を養うや恵、その民を使うや義。(公冶長篇)

と語っている。子産は君子としての徳を四つ備えている。第一に子産は公族という高い身分でありながら、謙遜で決して驕り高ぶった様子がない。第二に目上のものにつかえては十分に礼を尽す。第三に人民の厚生、経済状態の改善に非常に熱心である。第四に人民を国家の兵役・力役に使用するのに節度がある、というのである。傲慢で人を人と思わず、目上をあなどり、目下に同情がなく、人民をこき使うという貴族にありがちな悪徳に染まらなかったというのであるから、まことに貴族としては理想的な人格者であったことになる。

孔子はこのような理想的な貴族である子産を君子といって賞めたたえている。この君子という用語は、『論語』のなかでいろいろの意味で使われている。まず第一に注意せられるのは、小人または野人と対立して使用されることである。礼儀作法を知らず、音楽の素養に欠けた田舎者である野人にたいして、君子とは礼儀作法の心得があり、音楽をたしなむ都市に住む貴族をさすのである。また農業にたずさわり、郷村社会に土着して、広い世界を知らず、政治とは縁のない被支配の農民をさす小人にたいして、君子とは自ら農耕の労働にたずさわらず、狭い郷村社会に固着せず、都市において広い政治的社会にはいって活躍する貴族をさすのである。この貴族という身分にふさわしい教養を具備しているのが君子なのである。君子とは、貴族の身分における教養的人間の典型をさすものと見て差支えない。そして賢相時代の代表者である子産自身が、この教養的人間の典型に外ならなかったのである。

孔子は鄭国の政治が総理子産を中心として、理想的に運営せられたのを回想して、

命を為《つく》るや、卑《ひ》諶《しん》これを草創し、世叔《せいしゅく》これを討論し、行人の子羽《しう》これを修飾し、東里の子産これを潤色す。(憲問篇)

とほめたたえている。鄭国で詔令を出そうとすると、まず卑諶という大夫がこれを立案し、世叔すなわち游吉《ゆうきつ》という大夫がこれを逐条的に審議する。それを通過すると外交官である子羽すなわち公孫揮《こうそんき》が修飾し、さらに鄭国都城内の東里に住む子産が筆を加え、さらにその文句を洗煉して、はじめて一般に公布される。こんなに多くの賢者たちの知慧を集めて立派に

でき上った詔令であるから、衆人の歓迎を受けて、何の支障もなく施行されたといっているのである。貴族から有能者を選んで組織された鄭の内閣では、万事がスムーズに進行し、この上に立った子産は、でき上った詔令の文案の修辞を担当するだけでよかった。子産の才能は何よりも、文章家として発揮されていたのである。

国際的には南・北両連盟の勢力の均衡と、国内的には鄭国豪族の実力の均衡と、この二つの事情に恵まれて、子産を首班とする鄭国の台閣は、貴族政治の精華を咲かせたのであるが、この均衡は一時的なものであって、やがてあらゆる社会的、国際的な矛盾が表面化してくるとともに、この幸福な賢相時代は急速に崩壊し去る運命をもっていたのである。

まず国際的政局から見ると、春秋中期において一時成立した南・北両連盟の和平条約が破棄せられてから、しばらくはこの両連盟と、東方では斉国、西方では秦国を入れてすべて四強国の勢力が牽制しあった均衡のなかで、賢相たちは平和を享受し、啓蒙主義の文化を発展させることができた。しかし一時代遅れた孔子の時代は、南方の蛮族である呉と越の両新興国が、相前後して中原に侵入して、中国の覇権を握ろうとした。中国の文化の危機は、また急を告げてきたのである。

春秋初期・中期にかけて、中原をおびやかした楚国も、本来は南方の蛮族だと考えられ、自己もまたそう認めていた。しかし北進して中原の諸国と接触しだすとともに、次第に中原の漢族の文化に同化された。「楚材晋用」ということわざがあるように、楚国の有能者が引き抜かれたり、亡命したりして晋国の大官に任用されたものが少なくない。春秋中期における楚国の文化は、決して中原文化とそれほど異質ではなくなっていたのであった。

これに反して、春秋末期に中国に侵入してきた呉・越の二国は、呉の祖先が周の太伯だという伝説があるが、その諸侯自身の遠祖はともかくとして、すでに江南地方に土着してから長年月をへているため、ほとんど土地の風習に同化され、異民族と見なしても差支えない状態であった。この新興の蛮族の国家によって、旧い楚国の北進の力は一時そがれたけれども、両国が中原にいよいよ進出してくると、中原諸国の文化は再度蛮族侵攻の危機に見舞われることになった。ことに孔子の祖国である魯国は、交通路の関係から、呉・越両国の中原進出の矢面に立つことを余儀なくされ、この南方蛮族の脅威は、北隣の強国斉の重圧とかさなって、孔子の祖国に重苦しく被いかぶさったのであった。

列国の国内において、とくに社会的・政治的な情勢もまた、子産の時代と孔子の時代との間に大きな差異がある。春秋時代を通じて列国の侯位相続はたびたび紛争を起し、内乱の種となった。総理あるいは大臣を世襲する貴族は、次第に諸侯の実権を奪っていったので、春秋中期には、諸都市国家の国政は、完全に少数の豪族に握られ、君主は豪族にあやつられる人形にすぎなくなった。諸都市国家は貴族たちの寡頭政治によって支配されたといってよい。そして賢相時代はこの寡頭政治の末期をなすものであったのである。諸豪族の勢力が平均していたためとはいいながら、政治的実力と経済的に恵まれた豪族が、自分の手で国政を支配することができないで、勢力の弱い氏の有能者に政権を渡さねばならなかったことは、豪族の寡頭政治の基礎が今やゆらぎはじめてきた徴候と見られないであろうか。

実はこの賢相時代には、かつて君主から豪族の手に移った政治の実権が、さらに豪族の臣下、すなわち諸侯から見ると陪臣にあたる新興の武士階級の手に移ろうとする傾向が現われ、豪族の影が少し薄くなってきていたのである。この動向は孔子の時代にはいってさらに表面に目立ってきた。魯国では三桓とよばれる三家の豪族のなかでも最強の季氏の家の家老、すなわち家宰である陽虎が、季氏の相続にくちばしを入れ、季氏を支配するばかりか、魯国の政権を握る勢いを見せてきたのである。陽虎は新興の武士階級の代表と見られるが、孔子はこれと同じ新興の武士階級にぞくしていたのである。

このような武士階級の子である孔子は、一時代以前の賢相時代の伝統にたいして、どんな態度をとったであろうか。前に孔子は賢相時代の英雄であった子産に心から尊敬をはらっていたことを述べたが、新興の武士階級の子である孔子は、貴族階級であった子産にたいして、まず、身分の差異から生じてくる劣等感から、異常なあこがれをもったであろう。子産にたいする敬意は、もちろん子産の優れた人格にたいする正当な評価から生れたのであろうが、その意識の底には、子産によって代表される貴族階級の生得的とも見える教養にたいする思慕の情が、無意識のうちに潜んでいたと見られる。

その動機はともかくとして、孔子は子産を君子とよんでその徳をたたえているのである。この君子とは、前にも述べたとおり理想的な貴族であり、貴族的な教養をもった人間の典型であった。孔子は一応この君子という貴族的な人間典型を受けいれているのであるが、決してそのままここに止まったのではない。

第四章　孔子の立場

一　孔子における社会的人間の自覚

孔子はこの貴族の理想的人格であった君子をとって、自己が修養によって到達しようとする理想の人格と定めた。孔子は道徳を論じるときは、いつも君子の備えるべき道徳として論じた。『論語』のなかには孔子が君子に言及した言葉が非常にたくさんあり、君子という言葉は七十余度も現われている。『論語』は孔子と弟子たちとの問答を記したもので、体系的な本ではないから、君子についてはっきりした定義を与えていないで、問答の相手次第で、いろいろなニュアンスをもって使用している。

この用例を大ざっぱに分けると、前にも述べたとおり、まず、君子を野人と対立させたり、野人と同じような庶民を意味する小人と対立させたりしたものがある。これは明らかに君子を貴族的人間の典型の意味につかったのである。また、

君子は器ならず。（為政篇）

と、君子は特殊の技術をもつものではないといったのは、君子は全人的な教養をもつものであり、孔子の教団はこのような人間を教育するのが目的であることを説いたものである。この全く新しい教育の理想である君子のなかには、特殊な技術によって官府や貴族に仕えて衣食する職業人である士の階級とは区別され、祖先から承けついだ所領によって、衣食に心配することなく、ただ礼楽のように祭祀と結びついた政治に専心することができ、それゆえ職業人を賤視した貴族階級の職業観が残存している。これらは、直接または間接に、賢相時代の貴族の典型として、とくに高度に昇華された君子の観念をそのまま承けついだものと考えてよいものであるが、これにあたる例は割合に少数である。

第二には、

君子は食飽かんことを求むるなく、居安からんことを求むるなし。事に敏にして言に慎み、有道に就いて正す。学を好むというべきなり。（学而篇）

などがその一例であるように、君子を、衣食住の生活に贅沢をすることを念頭におかず、空論はやめて実践につとめ、有徳の先輩について疑義をただし、学に志すものとして説明しているのである。このように君子を実践修養の目標とする用例は、『論語』に出てくる君子のうちの大部分をしめている。前者が美的な教養をもった理想的な人間であるとすると、後者は道徳的な修養をつづける学徒をさしたものである。そしてこの道徳的な修養に一身をささげる学者という観念は、賢相時代はもとより、孔子以前には全く見当らない。貴族社会の美的教養人の典型であった君子をば、道徳修養に献身する学徒の意味に転化させたのが孔子だったのである。

前者においては、君子は教養をもった完成された人間であるが、後者においては君子は何かを目ざして修養する未完成な人間である。後の君子が目標とするもの、学ぼうとするものは何であろうか。

君子は博く文を学びて、これを約するに礼をもってす。（雍也篇）

といっているところの「文」である。文とはさきにも述べた当時の士人の教養として欠くことのできない『詩』と『書』とをさしている。周室の文化はこの二つの書物――もちろん書物といっても必ずしも本に書かれているものでなく、口伝えに教えられるものものふくんでいるのであるが――のなかに残されている。

しかし『詩』『書』のような書物を読み、単に知識を吸収するだけではいけない。それは実践をともなうものでなければいけない。孔子が「これを約するに礼をもってす」といった

「礼」はすなわち礼儀作法を実行することによって、この知識を確かに自分のものとすることを意味しているのである。前に「事に敏にして言に慎む」といったのも、この実践の尊重を説いたので、全く同じ意味である。

君子がこのように博く文を学び、礼を行って達しようとする目的は何であろうか。孔子は、

人にして仁あらずんば、礼をいかにせん。人にして仁あらずんば、楽をいかにせん。(八佾篇)

といっている。礼も楽も、それを行う人が仁でなかったならば、何にもならない。というのであるから、実践された礼楽よりももっと根本的なものが仁である。礼も楽も最高の理想である仁の一つの現われであり、仁を実現する一つの手段である。仁は孔子の目ざした最高の道徳であり、もっとも根源的な原理である。孔子は、富貴をも求めず、貧賤をも厭わず、

君子は終食の間も仁を去ることなく、造次にも必ずこれにおいてし、顚沛《てんぱい》にも必ずこれにおいてす。(里仁篇)

君子は食事する間でも、どんな瞬間でも、片時も仁を忘れないといっている。そして、

君子仁を去りていずくにか名を成さん。(同)

で、君子がこの世に生きている生活の目的はただこの仁を実現することにかかっているとい

うのである。

孔子はまた、

君子にして仁ならざるものあり、いまだ小人にして仁なるものあらざるなり。（憲問篇）

といって、君子はまだ必ずしも最高の仁を体得したものとは限らないとしている。この言葉は、『論語』のなかではやや晩期にできた「下論」のなかに載せてある。君子とは、文を学び、礼を行って、終食の間、すなわち食事の間でも仁を去ることなく、片時も仁を忘れず、仁を実現、体得しようとするものであり、すでに仁をすっかり完成してしまったものをさすのではないから、このことをくどく説明しすぎた観があることは免れない。孔子の真意は、君子とは最高善である仁を実現しようと志す人だと考えていたのである。

孔子における最高善ともいうべき仁とは何であるか。序説にも述べたとおり、弟子たちはたえず孔子に仁の意義を質問し、この仁を実現する方法をたずねたのであるが、いつもはっきり理解することができなかった。孔子の生前に、師から親しく説明を聞いた弟子たちでも、完全に理解することができなかった仁の本義いかんという難問を解決しようとすることは、二千五百年の後の現代においてももちろんなかなか容易なこととは思えない。弟子たちには、仁の本質は何であるかという理論的な立場と、仁をどうして実行しようとするかという実践道徳の立場とが、つねに不可分に結びつけて考えられていた。もちろん理論と実践の統一を考えること自体は正しいとしても、一応はこのような実践道徳の立場をはなれて、仁という言葉の語源をたずねてみることによって、この問題の解決の見透しをある程度までつけることができる。

がんらい仁という字と人の字とは混合して使用された例が多い。たとえば、

過ちを観てここに仁を知る。（里仁篇）

志士仁人は、生を求めてもって仁を害することなし。（衛霊公篇）

の仁の字は、人字になっている本もあって、音が近いので、古代では混用されていた。仁と人と音が近いことは、二つの言葉はがんらい意義の上で関連があったことを暗示するものである。人はすなわち他人で、他人にたいして抱く親愛の感情を仁とした例がある。樊遅《はんち》という弟子から、仁とは何ぞときかれた孔子が、

人を愛せよ。（顔淵篇）

と答えたのはそれである。

人はなぜ他人に親愛の情を抱くのであろうか。孔子は俊才の弟子である子貢《しこう》の、

もしよく博く民に施してよく衆を済《すく》わばいかん。仁というべきか。

という質問にたいして、博愛を衆に及ぼすということは、もちろん仁であるばかりか、聖人である堯《ぎょう》・舜《しゅん》さえできないことであったといって、

仁者は己立たんと欲して人を立たしめ、己達せんと欲して人を達せしむ。よく近く譬《のり》を取る、仁の方《みち》というべきなり。（雍也篇）

と答えたといわれる。

仁を体得したものは、自分の立場を主張しようとするときは、人の立場を認め、その上で自分の立場を主張する。弟子の子貢の、

一言にしてもって終身行うべきものあるか。

との質問に答えて、

それ恕《じょ》か。己の欲せざるところ人に施すことなかれ。（衛霊公篇）

といった。自分の感情を他人に移入し、他の身になって考えるのが恕である。弟子の曾子《そうし》は、

夫子の道は忠恕のみ。（里仁篇）

として、孔子の道をば忠恕という概念で表わした。宋の大学者である朱子《しゅし》はこれをば、

己を尽すを忠という。己を推して人に及ぼすを恕という。

と説明している。孔子は自己にたいして誠実であることを忠とよんだ。自己の感情をいつわ

らないで、自己に忠実であること、すなわち自己の人間性の自覚が忠である。この忠を他人に及ぼす、つまり自己の感情を他人のなかに移入することが恕に外ならない。

孔子が子貢にたいして一生を通じて奉行すべき徳として恕をあげ、曾子が夫子の道を忠恕と定義したのは、孔子のいわゆる仁をば説明したものである。恕と同義だといわれる仁は、自己と他人とを同じ人間として認識し、自己も他人も同じように人間として遇することである。仁とは人間の自覚すなわち忠であるが、その自己は孤独の人間でなくて社会的人間であるから、忠はさらに拡大されて恕とならねばならない。孤独な人間の自覚ではなくて、社会的人間の自覚とならねばならない。仁とは人間の自覚、優れた意味で社会的人間の自覚をさしたのである。この社会的人間の自覚である仁の実現をば、孔子は君子たるもの、人間たるものの使命であると考えた。孔子の道徳学説においては、社会的人間の自覚である仁がすべての道徳の根源と見なされ、あらゆる徳はすべて、この最高の原理である仁から演繹されたのであった。

ただここで注意すべきことは、このように仁をば、社会的人間の自覚と見る立場は、孔子もある程度まで意識してはいたが、仁をば全くそのようなものとして、忠恕にまで割り切って考えたわけではなかったことである。弟子の子貢が、

我人のこれを我に加うるを欲せざることは、吾もまたこれを人に加うるなからんことを欲す。（公冶長篇）

と語った。その意味は、さきに引用した子貢が、一生守るべき徳をたずねたとき、孔子が答えた恕の内容と全く一致している。それなのにこの同趣旨の恕について子貢が語ったのを聞いた孔子は、

賜《し》よ、爾《なんじ》の及ぶところにあらざるなり。

といった。子貢の名である賜をよんで、このことはお前にできることではないといってたしなめたのである。「衛霊公篇《えいのれいこう》」では孔子が子貢にたいして与えたことになっている恕の箴言が、「公冶長篇《こうやちょう》」では子貢がとなえ出したのを、孔子から、そんな高遠な理想はとてもお前にできることではないぞと、一言でけなされたことになっているのは、『論語』の読者にとっては、ずいぶん不可解な矛盾のようにとれるかも知れない。

実は『論語』二十篇は、孔子自身で自己の学説を書いたものでなくて、孔子と問答をした弟子たちが、その記憶をたどって、本に書きあらわしたものである。そのような編輯は、孔子の弟子から孫弟子の時代、またはもっと後の時代にかけて、何度も行われた。今の『論語』二十篇は、この別々の時代に、別々の学派によって編輯されたものを寄せ集めたものである。

前の十篇を「上論」といって、比較的古い時代に編輯されたものとし、後の十篇を「下論」と称して、比較的新しい時代に編纂されたものと考えられている。とくに『論語』について詳しい文献学的分析を加えられた武内義雄博士の説によると、「上論」のうち「学而篇《がくじ》」「郷党篇」と「子罕《しかん》編」を除いた七篇は、そのなかでもっとも古い時代に編纂された部分であるとされている。「公冶長篇」はこの最古の部分のなかに数えられる。「下論」十篇のうちに数えられる「衛霊公篇」はいうまでもなくこれに比較するとずっと新しい時代の編輯にかかるものである。

このような文献学的な研究の結果によると、「公冶長篇」に出てくる孔子と子貢の問答の方が、「衛霊公篇」の問答よりも、孔子の面影を伝えていてもよいわけである。そうすると、自己の感情を他人に移入する恕とも定義される徳は、孔子はたやすく人間の実行できるようなことではないと考えていたので、子貢の言をたしなめたという「公冶長篇」の方が孔子の真面目により近いことになる。そして、この恕の徳を孔子が子貢に箴言として与えたという「衛霊公篇」の問答は、前の「公冶長篇」の子貢と孔子との問答が、子貢の弟子、すなわち孔子の孫弟子へと口伝えで伝えられてゆく間に変形されて、逆に孔子から子貢にこの恕の徳を授けたことに取り違えられてしまったのだと解釈することができる。

孔子ですらたやすく実現できるとは思わなかった恕の徳を、孔子自ら子貢に説いてきかせたとする「衛霊公篇」の伝承は、仁を忠恕と分析する子貢および曾子のような弟子たちの見解が、仁の解釈として定説となった以後にでき上ったと見なすべきである。仁を忠恕と定義する解釈は、子貢のような孔子の昔からの門弟によって成立したので、孔子においては、仁を忠恕と同義と見る立場ははっきりと確立していなかったのである。

孔子においては、忠恕の道としての仁、すなわち社会的人間の自覚としての仁は、まだ十分に徹底して理解されていなかった。というのは、孔子は、仁の実現を志す君子は、閉された郷村社会からはなれて、自由に徳を実現せねばならぬとは考えたのであるが、この仁の実現について、

居処恭《うやうや》しく、事を執《おこな》いて敬《つつし》み、人に与《まじわ》って忠《まこと》あるときは、夷狄《いてき》に之《ゆ》くといえども、棄てられざるなり。（子路篇）

といって、自分の家庭でも、役所でも言動をつつしみ、人との交際に誠実味があれば、たとえ蛮族のなかに混ってもきっと用いられると信じている。仁を実現するには、世人一般のためという遠いことではなく、自己の常に接触する、家族や親族や部落の人との交渉において、言行をつつしむことから始めねばならないと考えていた。

孔子における社会的人間の自覚は、狭い家族の一員としての自覚から、親族の一員としての自覚に移り、さらに村落の一員としての自覚に拡大され、ついには民族の差異をこえた人類の一員としての自覚に到達するものであるが、この一般的な社会的人間としての自覚は究極的のものであり、高遠な理念として存したかも知れないが、日常の道徳的実践にはなかなか現実に生きたものとして感ぜられてはいなかった。

であるから、孔子の言葉のなかでは、仁は社会的人間の自覚であるという理念は、決して明晰に述べられていなかった。弟子たちも、仁は社会的人間の自覚であることをぼんやりと気づいて、師の意見を叩いたものがあったが、それにたいして、師からはっきりとした肯定的な答が得られないので、たえず仁を問題としながら、明確な結論に達せられずに、苦悩したのであった。

孔子は子産を恵み深い人だと評している。子産は鄭国の人民には慈愛深い政治家であった。この慈愛のなかには社会的人間の自覚、すなわち仁の立場がひそんでいるはずである。子産は、郷党の学校で、自己の政策にたいして自由に論議することを許容し、政治的に言論の自由を認めた寛容な政治家であった。しかし一方において、国家にとって重大な外交政策の決定に、一般大衆が容喙することを好まず、「(大衆すなわち)小人の性は血気にかられて禍をまねき、本能的に名声を求めるのみで、国家の大局の利害を考慮することはできない」といった。鄭国の人民にたいして、あれほどの慈愛を示しながら、国家の大局を判断するものは貴族であり君子のみよくしうることだと考え、貴族は理性においては人民にたいして生得的な優越をもつものだという貴族の先入観から脱することはできなかったのであった。

これにたいして孔子は、

君子は義に喩《さと》り、小人は利に喩る。(里仁篇)

といって、君子と小人との差異は道徳すなわち社会的人間としての自覚の有無にあるとしている。君子と小人との差異は、生得的な理性にあるのではなくて、道徳性にあると考えられた。孔子は、

上知と下愚とは移らず。(陽貨篇)

といって、知能に先天的な差等が存することを認めていたらしいが、

よく一日その力を仁に用うるあらんか、我いまだ力の足らざるものを見ず。(里仁篇)

といって、仁の完成、道徳の修養だけは何人でもその意志さえあれば必ず可能であることを信じていた。であるから、

性は相近きも、習いは相遠ざかる。(陽貨篇)

であって、徳性は先天的に具備していて、ただ多少の差があるだけであるが、後天的な習慣によって高下ができると述べている。

このように、子産が君子と小人との差異を、貴族と庶民との間に存する先天的な理性の差等であるとしたのにたいして、孔子は君子と小人の差異を、後天的な修養によって向上することができる徳性の差異にあると考えたのである。これは貴族階級に生れた子産と、新興の武士階級に生れた孔子との間における、観念形態の差異から起ったと解される。

孔子は、

君子は徳を懐《おも》い、小人は土《ど》を懐う。(里仁篇)

といって、庶民は生れ故郷である郷村社会に一生固着してはなれないが、君子であるものは、この狭い閉された郷村社会からはなれて、広い開かれた政治的社会のなかで、自由な活動を行うものでなければならないと考えている。これと同じ意味のことを、

士にして居を懐うは、もって士となすに足らず。(憲問篇)

ともいったといわれる。ただ前者の君子を後者は士といいかえている。また、

志士仁人は、生を求めてもって仁を害することなく、身を殺してもって仁をなすことあり。(衛霊公篇)

といったといわれる。これは志士と仁人とを並べて挙げているのであるから、この志士は仁に志すものとされているのである。士はこの意味では、仁に志す君子と、何の相違も見出すことができない。これらの士を君子と同義につかった用例は、『論語』のなかでは比較的晩期にできたと文献学者が考えている「下論」に載せられた孔子の言葉のなかに存していることは注意すべき事実である。

孔子の弟子のなかで子張や子游や子夏などとともに、若い弟子たちの群のなかの曾子が、

もって六尺の孤を託すべく、もって百里の命を寄すべく、大節に臨んで奪うべからず。君子人か、君子人なり。(泰伯篇)

といって、死んだのちに、孤児でも、また一国の政権をもまかせきれるのが、君子たる人だと述べた言葉にすぐついで、

士はもって弘毅《こうき》ならざるべからず。任重くして道遠し。仁もって己が任となす、また重からずや。死して後已《や》む、また遠からずや。(同)

といって、士は仁の実現を自分の本分とし、死をもってこれを毅然として果すものでなければならないと説いている。曾子のつかった士という言葉は、前の君子とは何の相違もなく、同じように仁を死をもって実行するものである。曾子の学派では、君子と士とは全く区別な

く、同意語と見なされていたのであった。

かつて貴族階級の高雅な教養的な人間の典型であった君子は、曾子では君主や貴族などに仕える士階級の典型として、主君に信頼される徳をもつものに変化したのである。『論語』の「下論」において孔子が士と同意語として使用している言葉は、たぶん曾子あるいは同時代の諸弟子たちの学徒が、孔子の言葉を後から解釈し直したのであろうと想像される。君子をば士階級の典型として、文徳よりもむしろ武徳をもったものに転化したのは、孔子の生前ではなくて、死後の門弟子たちの時代であったろう。したがって、貴族階級の典型としての君子から士階級の典型としての君子すなわち士への転化は、弟子の時代に完了したと推察されるのであるが、この傾向は孔子の生前において、ある程度まで進行していたとせねばならないであろう。

社会的人間の自覚である仁は、賢相時代において萌芽したのであるが、それはまだ狭い貴族階級における人間の自覚に止まっていた。孔子において、初めてそれは新興のより広汎な士階級における人間の自覚にまで拡大され、そこにおいて初めて仁なる最高の原理が創造された。弟子たちの時代になって、士階級の人間の自覚はさらに明確となり、ついに仁をば忠恕という概念で説明するようになったのである。

二　学問の宗教からの解放

子産によって代表せられた賢人政治の時代は、中国において初めて合理主義が目覚めた時代であり、精神史的には一つの啓蒙主義の時代であった。孔子においてこの啓蒙主義はどんなふうに承けつがれたであろうか。

まず宗教にたいする孔子の態度を見よう。孔子は弟子の樊遅《はんち》から知とは何ぞと問われて、

民の義を務め、鬼神を敬して遠ざかる、知というべし。（雍也篇）

と答えている。祭政一致の都市国家において、本来は民を治める政治と、神を祭る祭祀とは分化していなかった。孔子は民を統治する政治の方をば重要視して、神を祭る祭祀は、神を尊敬して祭ることは丁寧に祭るが、神の意志をきいて政治をする殷王朝以来の神政政治をば排斥したのである。宗教と政治との分化がここではっきりと意識されている。都市国家の伝統であった祭政一致が崩壊して、宗教からの政治の独立がここに確立されかけているのであった。そして、この政治と宗教との分離を認識することが知だというのであるから、知自体もまた宗教から解放されていなければならぬ。

孔子は弟子の子路《しろ》(季路)から鬼神につかえる心得を問われると、

いまだよく人に事《つか》うるあたわず、いずくんぞよく鬼《き》に事えん。(先進篇)

と、「生きている人間につかえることができないのに、どうして死んだ祖先の神につかえることができようか」と返事した。子路が、

あえて死を問う。

と、「それならば、生と死とが問題だとすると、いったい死とは何でしょうか」と反問すると、孔子は、

いまだ生を知らず、いずくんぞ死を知らん。

と、「生すらわからないのに、死のことがわかるはずがないよ」と答えたといわれる。

がんらい子路は孔子の門下のなかでも、武勇をもって知られた男であって、とかく血気にはやる傾向があった。しかし求道心が熾烈なことは、子路に及ぶものがなかった。とくに孔子から教えられた訓戒は必ず言葉どおり実行しようとしたので、

子路聞けることあり、いまだ行うことあたわざるときは、ただ聞くあらんことを恐る。(公冶長篇)

といったように、夫子から聞いた徳を行わないうちに、また別の徳を聞かされることを恐れ

て耳にふたをしたといわれる。このような熱烈な使徒であった子路は、いちずに高い理想に直進して、足下の現実を忘れる欠点があった。孔子は一日、子路に、

由《ゆう》(子路)よ、汝に知を誨《おし》えんか。知れるを知るとなし、知らざるを知らずとせよ。これ知るなり。(為政篇)

と教えた。知ということは何であるか。知とは知を知として、不知を不知とすることである、可知と不可知とを分別することであると語った。孔子は子路の浪漫的な心情から、空疎な理論に走るのを戒めてかくいったのである。

過ちを観てここに仁を知る。(里仁篇)

回(顔回)や、一を聞いてもって十を知る。賜《し》(子貢)や、一を聞いてもって二を知る。(公冶長篇)

というように、知は見たり聞いたりする経験に根源をもつものであるが、見聞という単なる経験がそのまま知にはならないで、

多く聞き、その善きものを択《えら》びてこれに従い、多く見、(その善きものを択びて)これを識《しる》す、知れるの次なり。(述而篇)

として、多くの見聞のなかから、善いものを選択することは、最上の知とはいえないが、知

に近いものだと述べている。知とは、見聞した経験を選択するはたらきであることを、謙虚に主張しているのである。知とは結局、経験のなかから、善いものを選び出す、判別するところに成立すると見ていたのである。

しかし、知とは単に可知と不可知を区別しただけに止まるものではない。それでは既知のことしか知られないで、知識の拡大が不可能である。孔子は子張《しちょう》から、十世さきの王朝の制度を知ることができるかと問われて、

殷は夏の礼に因る、損益するところ知るべきなり。周は殷の礼に因る、損益するところ知るべきなり。それあるいは周に継がんものは、百世といえども知るべきなり。（為政篇）

と答えたといわれる。殷王朝は夏王朝の制度をもととして、それを変化させている。その変化は、具体的に知ることができる。周王朝はさらにその殷王朝の制度をもととして、それを変化させている。その変化もまた具体的に知ることができる。このような両王朝の制度の変遷の傾向から、制度の一般的な進化の傾向を推知することができるから、それによって百世さきの制度でも知ることができると返事したのである。これは人間の歴史においてすら、現在までの歴史をよく知れば、これをもととして未来までも予知することができるといったのである。知とは単なる既知のもの、可知のものだけに止まることではなくて、既知をもとと

して未知を、可知をもととして不可知を探ることにある。ただ子路にたいしては、可知と不可知とを区別せずに、一気に不可知のものを求めようとしたことを非難しただけなのである。

ここでまた注意したいことは、さきの子路との問答が「下論」の一篇である「先進篇」に載せられているのにたいして、樊遅との問答は「上論」である「雍也篇」にはいっていることである。前者にはたとい子路を戒める意向がはたらいているとしても、鬼神の崇拝すなわち宗教にたいする排斥が強く現われているのにたいして、後者には鬼神を敬して遠ざけるというように、宗教は宗教としての限界内に保存し、政治への干渉を禁絶するという穏健な態度がとられている。両者はともに宗教にたいして制限を加えるものではあるけれども、後者の方において宗教排撃が消極的になっていることは、人目をひくものである。

前者においては、孔子は賢相時代の子産によって初めてもち出された、宗教にたいする合理主義の立場からの批判が、さらに徹底され、合理主義的な宗教排撃論を行っているように見られる。しかし「上論」の諸篇を見ると、さきの樊遅との問答をはじめとして、あるいは、羊をささげて朔日《ついたち》を宗廟に報告する礼を廃止しようとする子貢にたいして、孔子は、

賜よ、汝はその羊を愛《おし》むも、我はその礼を愛む。（八佾篇）

といって、犠牲の羊は惜しくない、惜しいのはその祭祀だとして、これを保存しようとした

ことが書かれている。また同篇には、孔子が大廟にはいって事ごとに役人からその作法をきいたことを載せている。

このように「上論」における孔子は、全面的な宗教排斥論者としては現われないで、都市国家における公式な宗教的儀礼をば、できるかぎりもとの正しい形式で維持しようと考えていたもののように見える。ただ当時は、この正統な宗教儀礼のほかに、新興宗教が盛んに流行していた。孔子が、

その鬼にあらずして祭るは諂《へつろ》うなり。義を見て為《せ》ざるは勇なきなり。（為政篇）

といったのは、鬼すなわち自分の家の祖先でない神を祭るのは、時世に媚びることだとして排斥したのである。つまり国家の祭祀や貴族の祖先の祭祀のほかに、巫師《ふし》によって新たにとなえ出された異端の神を祭る新興宗教を、断然として排撃したのである。このような新興宗教の下に走る輩を、義を見てせざる卑怯者とそしったのである。

また「上論」の孔子は、

祭るに在《いま》すが如くす。神を祭るに神在すが如くす。（八佾篇）

といって、祖先を祭るに、生者を祭ると同じような態度で祭り、血族的な祖先ではない高祖神を祭るのにも、神を生人のように祭ったといわれている。祖先の神霊が超人間的な能力を

もち、人間界を絶対的に支配するものと信じ、その力に頼ろうとするのではない。生きた人間と同じ能力をもつものとして、生きた人間に接すると同じような敬意をはらって祭るのである。そのような孔子は、古い都市国家の祭祀から、神秘主義的な神託政治の遺制を剝ぎとって、人間を中心とした祭儀をつづけようとするものである。

孔子が大病にかかって危篤のように見えたので、子路が祈禱しようと請うと、孔子は、

丘の禱《いの》ること久し。（述而篇）

といって、許さなかった。今の期に及んで、祈禱師を聘して、わけのわからない神に病気の回復を祈る必要はない。正統な国家の祭る神祇には、自分はいつも祈っているからであるというのである。弟子たちは、孔子は平常何かを神に祈られることはないと信じていたのであるが、実は孔子は国家の祭祀において、正統な神霊に祈りをささげていたのである。かれは宗教をば一概に排斥したのではない。国家・社会に正当に認められた、伝統的な神祇に、あふれるような深い宗教信仰をもち、それに祈っていたのであった。

孔子は賢相時代にきざした宗教にたいする合理主義的な批判をば、だいたい承けついで、さらに人間の内的な宗教心にもとづいて、都市国家の伝統的な神祇と、家族的な祭祀とを、純化しながら、保存しようとしたのである。そういう意味では、孔子においては、古代都市

国家の貴族的宗教からの理性の解放は、まだ完全に遂行されるには至っていないと見られる。

可知と不可知とを判別するところに理性による認識の基礎をおきながら、宗教的な神秘主義一般をば、不可知として、絶対に峻拒しようとする立場は、『論語』の「下論」が編纂された、孔子の弟子か孫弟子かの時代に及んでやっと確立された。そして宗教と学問との分離は、この孔子の後学によって完成されたのである。孔子においてはまだ生きていた宗教的な情操は、後学の徒においてはほとんど死滅してしまい、かくして宗教ではない儒教という教義をばつくり上げたのであった。

孔子において、可知と不可知とを判別する理性の立場が一応成立しながら、それが結局それ自身は一個の神秘主義である国家祭祀と妥協したこととと相関連して考えられることは、孔子における理性である知と、道徳的な判断の主である実践的理性ともいうべき仁とが、たえず並立して説かれていることである。

知者は水を楽しみ、仁者は山を楽しむ。知者は動き、仁者は静かなり。知者は楽しみ、仁者は寿《いのちなが》し。(雍也篇)

のごときはこれである。知者は水を楽しむのにたいして仁者は山を楽しむということは、すなわち趣味的なことがらであるが、それは知者が動的であり仁者が静的であることを象徴しているように見える。そこでは、知者よりは仁者は安定しているとも考えられている。

仁者は仁に安んじ、知者は仁を利す。（里仁篇）

という言葉からすると、仁を利用する知者に比較すると、仁に安んじた仁者の方が、本当に仁を体得したものだといえる。これは仁者を知者より安定した者として、優位におくものである。知識を単なる知識として知るだけでは足りない。知識は直ちに実践にうつすことにより、徳となり、仁となる。知は仁に至る段階としてとらえられたのである。これは純粋理性である知より、実践理性である仁をば優位においたものとも見ることができる。もちろん、

子韶《しよう》を謂《かた》る、美を尽し、また善を尽せりと。武を謂る、美を尽せるも、いまだ善を尽さずと。（八佾篇）

といったように、孔子は古代の聖帝である舜が創作した舞楽や、周室の祖先である武王が創作した舞楽を聞いて、美であるばかりでなく善でもあるとか、美であるが善ではないとか批評している。孔子は美と善とをあまり厳格に区別していなかったのである。真と善との区別もまた、それほどはっきり区別されていたのでもない。

孔子は、

これを知るものはこれを好むものに如《し》かず。これを好むものはこれを楽しむものに如か

ず。（雍也篇）

といっている。知ることは理性の問題であるのにたいして、好むことも、楽しむこともともに趣味の問題であるが、これを同類のものとして差等をつけているからである。

前には、子産によって代表せられた賢人政治の時代を、啓蒙主義を基調とするものとして特徴づけた。啓蒙主義は理性を重視するものであり、子産の時代は合理主義の目覚めた時代であったと考えられた。孔子はこれを継承して、理性の立場、すなわち知の立場をうちたてたのであるが、この理性において、真理を判断する立場と趣味的な判断の立場とが混合され、前者が後者より劣位におかれることとなっている。

これは学問をば、学問する者、行為する人間の生活心境においてとらえ、知者も仁者も究極において、生活者、とくに美的生活の享受者としてとらえたからである。孔子が顔回を弟子中でもっとも学を好むものと評したのは、

一簞《たん》の食《し》、一瓢《ぴょう》の飲、陋巷《ろうこう》にあり、人はその憂いに堪えず、回やその楽しみを改めず。（雍也篇）

といったように、貧乏な生活の間にあって、学問する楽しみに自足していたからであった。知を求めることも、仁を求めることも、幸福な生活を求めることに外ならない。知でも、学

問でも、まだ最上の幸福は求められない。仁に至って、はじめて幸福な生活が得られると考えたのである。

孔子の合理主義は、このような幸福論の基礎の上に立つものであるから、理性の立場の独自性が、確立されていない。従って、学問の宗教からの独立は、必ずしも、完全ではなく、国家的宗教の束縛をまだ完全に脱せず、それとの妥協によって、このような祭儀を倫理化した礼を成立させるに至った。顔淵が仁を問うたとき孔子は、

己を克《せ》めて礼に復《かえ》るを仁となす。（顔淵篇）

と答えたといわれる。自己の欲望にうちかって、礼の規律に従うのが仁といわれている。礼は自己の外にあって、自己を束縛するものとなり、仁は他律主義の立場にとられている。これは晩期の編輯にかかる「下論」に載せられた言葉であって、恐らく孔子の真意から外れているであろう。孔子はほんとは社会的な人間としての自覚をもった人々が、もっとも幸福な生活を営むことができる、その与えられた生活の秩序をば礼と観念したのである。

このように、礼を重視することにおいて、孔子の合理主義は、とくにその使徒たちの時代にはいって、伝統と妥協し、それと抱合する傾向を次第に顕わしていった。この意味では、孔子は賢相時代の啓蒙主義を承けついで、なお十分に合理主義を徹底することができなかっ

たと結論しても差支えないであろう。

三　伝統の批判

孔子は不完全ではあったが、宗教の神秘主義から、学問を解放し、理性の立場を確立したのである。もう一度学問論らしいものを述べた孔子の言葉にかえって、かれの学問のなかで、伝統がどんな位置をしめているかを眺めてみよう。

まず孔子は、

述べて作らず、信じて古《いにしえ》を好む。（述而篇）

とか、また、

我は生れながらにしてこれを知るものにあらず。古を好み、敏《つと》めて求めしものなり。（同）

ともいっている言葉が思い出される。孔子は自分を独創的な学者だと自任してはいないで、先賢の道を祖述するものにすぎないとしている。ちょっと見ると、孔子の学問は全く伝統の権威に盲従したものであり、伝統の束縛から少しも逃れ出ることができなかったようにとられるかも知れない。しかし、自分のことを語って、いつもあまりにも謙遜であった孔子の言葉であるから、これを真に受けすぎてはならない。

この前の方の言葉につづいて、

黙して識《しる》し、学んで厭《いと》わず、人を誨《おし》えて倦《う》まざるは、我において何かあらんや。(同)

という言葉が載せてある。この「識す」とは記憶するという意味である。ただ黙って昔から伝わった『詩』『書』を読み、礼を習って記憶し、師について学んであかず、他人に教えて退屈しないくらいのことは、自分には何でもないという強い自信のほどを語った言葉が出てくる。

この『詩』『書』などの古い書物を自分で読んで、その内容を確実に記憶したり、他人から習ったりすることは、前の古を好んでこれを求めることに外ならない。しかも、このことが自分には物の数にもはいらぬ、たやすいことだというのである。古い書物を読んで記憶したり、他人に教わったりすること、すなわちこれが孔子の時代の学ということであるが、もしも真の意味の学問がこれだけに止まるならば、それは容易なことだといったのである。孔子の解する真の意味の学問はこれに止まるものでなく、これがその最低限度であり、いわば学問の出発点を意味するにすぎないのであった。

孔子は真の意味の学問について、

学んで思わざれば罔《くら》く、思うて学ばざれば殆《まど》う。（為政篇）

といっている。他人から習い、本を読んで学ぶだけで、その意味をば自分で考えてみないとはっきりとしないし、さればといって、自分で考えてみるだけで他人から学ばないと疑いが出てくるという。知識を他から受けるとともに、その意味を自分で思索してみねばならない。学と思との両方が綜合されて、真の学問ができ上ると考えているのである。

孔子は、

多く聞いて疑わしきを闕《か》き、……多く見て殆《うたが》わしきを闕き、……（同）

ともいっている。見聞をできるだけ広くして、そのなかから疑わしいことをすてることが大切だと考えている。これは、

多く聞き、その善きものを択《えら》びてこれに従い、多く見、（その善きものを択びて）これを識《しる》す。知れるの次なり。（述而篇）

といったのと同じ意味である。見聞した事物から疑わしいものをすてて、その善いものを選択して記憶するのは、最上の知者ではなくとも、この知者に近いものだと考えている。この見聞とは、もちろん、『詩』『書』のような古代の文化を述べた書籍と、師や先輩のような目

上からの教訓を意味している。それらのなかでは、古代からの伝統が強く生きている。古代の伝統を区別なしにただこれを記憶するのが学問ではない。学問すなわち知とは、古代の伝統のなかから、あやふやなものや悪いものをはぶき、正しいものや善いものを択び出すことであるというのである。この言葉を語っている孔子は、明らかに古代の伝統をば無制限に受けいれず、これにたいしてもある程度批判を加えることを主張しているように見える。いったいかれは古代の伝統をどんなふうに取捨し、どんなふうに選択を加えたのであろうか。

孔子の時代には、夏・殷の二代が周王朝に先だった古代王朝であると考えられていた。孔子は、

　夏の礼を、吾よくこれを言う。……殷の礼を、吾よくこれを言う。（八佾篇）

といって、たびたび夏・殷二王朝の制度、すなわち夏・殷の礼を説いたのであるが、かれは決して、この古代の王朝をば黄金時代として、この古代王朝の理想的な制度に一気に復帰しようとはしなかった。そして、

　周は二代に監《かんが》み、郁郁《いくいく》として文なるかな。吾は周に従わん。（同）

といって、古代二王朝を理想としないで、かえって近い周王朝の制度をば模範としたのであった。

これは『論語』の「上論」のなかでも、とくに孔子の死後早い時代に編纂された部分に現われる言葉であるが、死後、時がたってから作られた「下論」のなかでは、顔回が国家を治める方法をきいたのに、孔子は、

夏の時《こよみ》を行い、殷の輅《くるま》に乗り、周の冕《かんむり》を服し、楽は則ち韶舞《しょうぶ》し、鄭声《ていせい》を放ち、佞人《ねいじん》を遠ざけよ。(衛霊公篇)

と答えたといわれる。夏時代の暦を使用し、殷時代の馬車に乗り、周王朝の冠をかぶって、音楽はさらに古代の聖王である舜の作った楽で周武王の振り付けた舞をまわせ、近代の音楽である鄭の楽はやめて、ずるい人間を遠ざけよといったとされ、孔子が舜以下の古代王朝の制度を自分で勝手に折衷して、一つの制度を作り出したようにとられている。いったい、孔子はこんなに多数の古代王朝の制度から折衷した制度を創作したのであろうか。

実はこれとは反対に、孔子は決して自己の趣味にまかせて勝手に古代王朝の制度を綜合したのではなかった。そのように考えるのは、もちろん孔子から時代がはなれた後の儒教学者が、もとの孔子の言葉をば、だんだん変化させてつくり上げた言葉である。孔子の直接の弟子たちや、またはこれから又聞きした孫弟子たちのおぼえていた孔子の言葉は、前にも引用したとおりで、古代の二王朝の制度は、周王朝によってとり入れられ、綜合されて、一つの

咲く花の匂うような美わしく完備した制度となっている。だから、何もわざわざ遠い夏・殷の古代王朝の制度に溯って、そこに模範を求める必要はないといっているのである。この言葉が孔子の面影をよく伝えていることはいうまでもない。

しかしそこには、すでに古代王朝の制度をば比較しつつ、それを歴史的な形成の過程においてとらえている痕跡が見えている。

孔子は晩期の『論語』の言葉のように、歴史の現実の歩みを無視し、そこから遊離して、古代の王朝の制度に帰ろうとする、非歴史的な復古主義的な立場に立つものでは決してなかったのである。かれは弟子の子張から十代さきのことがわかるかという質問を受けて、

殷は夏の礼に因る、損益するところ知るべきなり。周は殷の礼に因る、損益するところ知るべきなり。それあるいは周に継がんものは、百世といえども知るべきなり。（為政篇）

と答えたといわれる。殷は前代の夏の礼によったのであるから、殷が夏の制度にたいして加えた改革は比較してみればすぐわかる。周はこの殷の制度によったのであるから、周が殷の制度を変革したあとも、すぐ知ることができる。この三代の王朝の間の制度の変遷の経過から類推して、かりに周王朝が亡んだとしても、この後をついで興る王朝がどんな改革を行っ

て、どんな制度を創設するかということは、十代はおろか、百代さきでも予知することができるといっている。孔子は古代王朝の制度の歴史的発展を把握することによって、将来の発展の方向を見透し、未来の王朝の制度も予知しうると考えたように見える。この歴史主義の立場に立った孔子の考え方は、古代においては、あまりにも進歩しすぎた思想であって、もしかすると、孔子自身の言葉でないかも知れないという疑問が出されるかも知れない。

この子張との問答も、『論語』のなかでもっとも古く編纂された部分である「為政篇」にのってはいるけれども、篇末から二番目に位している。各篇の末には、比較的新しい時代に附け加えられた孔子の言葉があるといわれている。であるから、この子張と孔子との問答も、孔子よりはずっと後の時代の思想が混入している恐れもあるかも知れない。しかし、古代王朝の制度をば歴史的発展の相においてとらえる考え方は、前に引用した比較的原形に近いと見なされている孔子の言葉のなかに、すでに萌芽としてではあるが存在している。子張、あるいはその学派の思想であるとしても、それには孔子の古代王朝の制度にたいする歴史的な考察のしかたが、より明確に表現されたまでであると見てもよいであろう。

子張は、孔子に生前教えを受けた高弟のうちもっとも年が若く、孔子と四十八歳もちがっている。孔子が流浪の旅から魯に帰国したのちに入門した弟子であり、孔子の側近に侍して、晩年の孔子の思想だけをとり入れた学者であった。であるから、子張の聞いたという孔子の言葉に、壮年の孔子がおぼろげな形で抱いていた思想をもととして、これを究極までつきつめたようなものがあるとしても、必ずしも偶然とはいえない。子張の伝えたという孔子の言葉が、「上論」の言葉とは少し似合わしくない明晰さをもっているとしても、これが後世の儒教学者の附加であると見なければならぬ必然的な理由はない。

孔子は伝統に盲従することなく、これに批判を加えることによって、ほんとの知識が成り立つと考えたのである。この伝統が、とくに礼、すなわち古代王朝の社会的制度と慣習に関するときには、批判は自己の主観的な判断にまかされないで、周代の社会的な制度の古代からの歴史的発展の経過から推測される、未来の発展の方向に関連して批判がなされるのである。孔子が、

故《ふる》きを温《たず》ねて新しきを知る。もって師となすべし。（為政篇）

といった言葉は、いろいろな解釈がなされているが、古代の伝統から推論して、新しく現代を認識することだと解釈するのが妥当であろう。古代の伝統を単に記憶するだけでは仕方がない。単に受けいれるだけでは仕方がない。これを通じて、未来への見透しを得ねば意味がない。そのような学者にして、はじめて他人の師となることができるというのである。多数

の弟子を教育した孔子自身の抱負は、この「古きを温ねて新しきを知る」ことにあったといわねばならない。

このような教育をした孔子は、ふつうに考えられるように保守主義者あるいは復古主義者の典型ではなかった。若き日の孔子は現実の政治に異常に強烈な関心を抱いていたのである。われわれは、学者として、思想家として、教師としての孔子について語ってきたが、さらにこれから政治家としての孔子の真面目を説かねばならぬ。

第五章　政治家としての孔子

一　徳治主義

孔子の政治観はいわゆる徳治主義の立場をとるものだと考えられている。徳治主義とは法治主義の反対概念である。孔子が、

これを導くに政をもってし、これを斉《ととの》うるに刑をもってすれば、民免れて恥なし。これを導くに徳をもってし、これを斉うるに礼をもってすれば、恥ありてかつ格《ただ》し。（為政篇）

といったのは、まさしくこのことを述べたものである。政治によって人民を教化し、法律によって人民を強制しようとするのが法治主義であるにたいして、道徳によって人民を教化し、礼によって人民を自然に秩序ある生活を営ませるのが徳治主義であると考えられた。法治主義によって人民をしばっても、人民は平気で法の裏をくぐるから、いくら法律を作っても追っつかない。徳治主義で人民の道徳心に訴え、その自由にまかすと、かえって不法行為がな

くなるから、徳治主義の方が法治主義にまさっていると考えたのである。

がんらい春秋時代の都市国家の政治は、この都市を構成する特定の部族の代表者たち、すなわち貴族の会議によって決定せられる。部族の間の紛争は、この会議に出席した族長たちの話合いによって解決され、互いに血をすすって、神の名にかけてその実行を誓約するのが例である。部族内の犯罪事件は、完全に部族の自治にまかされていたから、この会議にはもち出すことはなく、したがって国家はこれに何の干渉をもしなかった。孔子の主張した徳治主義は、この都市国家の貴族政治の伝統であった部族自治の原理に根源をもつものである。

法治主義を初めてとなえたのは、賢相政治時代の鄭《てい》の子産《しさん》である。かれが西紀前五三六年に鄭国の法律を制定し、その条文を銘文として銅器に鋳たのが、中国における最初の成文法であるといわれている。かれの成文法の制定は、宰相に就任してから、農地整理と租税制度の改革についで、最後に実施された、子産の三大政策の一である。北方連盟と南方連盟との間にはさまっている鄭国は、平和を維持するためには、双方に多大の貢物を納めねばならない。これにあてる財源は、従来の主要部族だけでは負担しきれない。農地をある程度まで一般人民に開放して、生産力を増大する政策をとった。この一般人民から租税を徴収することは、旧来の貴族の会議ではこれを遂行するだけの力がない。一般の人民は主要部族の自治権の限界の外にあるからである。これらの部族外の人民をかりたてて租税を国庫に納めさせるために、この無組織の庶民を強制する新しい法律を制定する必要が生じた。子産が成文法を公布したのは、この鄭国のおかれた特殊な国際的情勢から促された、経済政策の帰結であった。

しかし、鄭において成文法が制定されてから二十三年後の前五一三年には、北方連盟の覇者である晋国が、成文法を鉄器の銘文に鋳造して国民に公布した。晋国の軍国主義の発展を支えるために、新税法を施行するのにともなって、成文法が要求されたのである。ここでも鄭国と同様に、新しい税制と並行して成文法が制定された。このとき孔子は四十歳で、ちょうど独自の政治思想を完成しはじめた時であった。

『左伝』には、晋国が成文法を制定したという報知を聞いた孔子が、晋国がかつての盟主として中原にその名をうたわれた文公の法をすてて、新しく成文法を作ったことを激越に非難した言葉を載せている。この『左伝』の言葉が本当に孔子のいったものであるかどうか、今では確かめることが困難である。しかし『論語』に現われたとおり、孔子は法治主義を否定して、徳治主義の立場をとっているのであるから、このような政治上の重大事件の報告に接したとき、必ず異常な憤激を感じたにちがいない。

鄭の成文法公布についで、霸者である晋国がそのあとを追ったのであるから、春秋後期においで、成文法の制定は、今や各国の流行となってきたのである。この春秋後期の時代傾向である法治主義の勃興にたいして、断乎として反対の立場に立った孔子は、政治的にはまさに保守主義者であり、反動主義者であったようにとられるかも知れない。すでに述べたとおり、徳治主義は、都市国家を構成する主要部族の族内の自治制を基礎とするものであった。今や旧い貴族は次第に没落し、その部族も漸次解体しつつある。部族自治制に代って、国家の政治組織を強化するための、新しい成文法が要望されたのである。この時代の動向にたいして、孔子は全く背を向けたのであろうか。

孔子が生れた魯国は、春秋の十二列国といわれる都市国家のなかで、その実力は晋・楚の両連盟の盟主にはもちろん、隣国である、かつての北方連盟の盟主であった斉国に遠く及ばない。その地理的位置は山東省にあって、中原からはるか東に偏在している。中原文化の中心である鄭・衛の両国とは、とても肩を並べることができない田舎の国である。周公の正統を伝えた文化国家であるという魯国の誇りは、たぶん孔子以後儒教がこの国に栄えてから、でき上った観念であろう。孔子時代の魯国は文化的にも後進国であったにちがいない。この孔子の祖国の文化的後進性が、かれの政治的思想を保守主義または反動主義に化した、潜在的な理由となっているかも知れない。

しかし、ここで注意しておかなければならないことは、都市国家の部族自治制の上に立っている古い徳治主義と、孔子の主張する新しい徳治主義との間には、本質的な差異が存することである。都市国家の部族自治制においては、部族の結合は強固であり、部族にぞくする個人は、部族から独立して完全な個人とはなっていない。部族の成員は、この部族の連帯性の下に抑圧され、わずかにこの一員として存在の意義を存するにすぎなかった。個人の自由はここでは著しい制限を受けていた。人は、団体の規律に無意識的に服従していたばかりであった。

これにたいして孔子の徳治主義はまず個人の良心の上に立っている。個人の道徳的自覚をよりどころとしている。支配者の方でも、孔子が、

その身正しきときは、令せざるも行われ、その身正しからざるときは、令すといえども従われず。(子路篇)

といっているように、命令を下す政治家自身の徳性が高くないときは、その命令は決して人民の服従を得ることを期待できない。政治は支配者と被支配者相互がそれぞれ道徳的な自覚をもち、立派な人格であった場合に、もっとも完全に運行される。孔子はいう、

政を為すに徳をもってすれば、たとえば北辰のその所に居て、衆星のこれを共《めぐ》るがごとし。(為政篇)

と。もし徳治主義の政治が実行されたならば、天上の北極星が終始北天に固定し、これを中心として一切の星座がその周囲を整然として廻転しているのと同じで、社会生活は秩序正しく行われるのである。

このように政治は君主と臣下との間の相互理解によって、何の支障もなく円滑に運営されるのである。孔子は斉の景公から政治の秘訣をきかれたとき、

君君たり、臣臣たり、父父たり、子子たり。(顔淵篇)

と答えたといわれる。君が君として本分を尽せば、臣下は臣下としての本分を尽す。相互が自己の良心にもとづいてそれぞれの責務を果すことが、もっとも大切だと教えている。魯の定公にたいしては、同じようなことを、

君は臣を使うに礼をもってし、臣は君に事《つか》うるに忠をもってせよ。(八佾篇)

といったといわれる。本分を尽すことは、礼によることを意味する。ここでは団体の慣習にあたる礼が基準とされている。団体に行われている慣習法は、たとえ文字に書かれた成文法ではないとしても、やはり法の一種に外ならない。孔子が新しい成文法の制定だけを攻撃し

ながら、国家・部族・家族などの慣習法もまた法であることに想い至らなかったことは遺憾である。しかし、この法に無意識に服従するのではなくて、団体にぞくする各個人の自覚によって、法を道徳律として自律的に遵奉せねばならぬと考えたところに、旧い徳治主義の法意識と根本的な差異がある。孔子は法そのものを排撃したというよりは、個人の道徳的自覚を通じて、これが自律的に行われることを期待したものであるといってよいであろう。

孔子の徳治主義の政治思想は、同時代を支配した法治主義の政治思想にたいする反対思想であるが、これを一概に時代に逆行した反動思想と見なして攻撃するのは当らない。孔子は都市国家の原始的な部族自治制が次第に崩壊してしまった時代に生れ、本来はこの部族自治制にもとづいた徳治主義の維持をあえて主張したのである。かれはこの徳治主義を部族の団体意識ではなく、個人の道徳的自覚の上にもとづけたのである。政治を部族の団体意識から解放し、部族から独立した、自由な個人の道徳的意識によって行おうとした点においては、同時代の流行思想であった国家意識を強調した法治主義にたいして、必ずしも進歩的な立場をもったものといえないとしても、これと並んで一つの立場をとったものであったといえるであろう。

二　三桓の寡頭政治にたいする反感

政治思想家としての孔子は、時代の流行思想であった法治主義にたいして、徳治主義という、一見すると、旧式の反動思想とも見まちがえられやすい、独自の立場をとった一事からでも想像されるように、時代に迎合し、時局に便乗しようとする軽薄な才子ではなかった。現実の政治家としても、権門に屈したり、時世に媚びを売るオポチュニストではなくて、自己の信念をまげることを知らない理想主義者であった。

孔子によると、政治は人間の道徳的自覚にもとづいてなされるのであるから、政治の要訣は、徳性の高い人を政治家に起用することにあるはずである。魯の哀公がどうしたら人民を帰服させることができるであろうと問うたとき、孔子は、

直きを挙げて、これを枉《まが》れるに錯《お》けば、民服せん。枉れるを挙げて、これを直きに錯けば、民服せじ。（為政篇）

と答えた。正直な人間を登用して、奸佞な人間の上におけば、人民が心服するが、その反対を行うと、人民は決して服しないといった。これは魯の哀公が正しい徳の高い人間を用いず

に、悪賢い人間ばかり挙げて政治を行っていたことを批判した言葉だと解釈されている。

孔子の目から見ると、枉れる人、すなわち邪悪の徒ばかりが政治を行っていたといってもいい、魯国の現実の政治は、いったいどうであったであろうか。

第一章で述べたように、孔子の生れた春秋末期には、魯国の王族のなかの桓《かん》公から分れた孟孫氏・叔孫氏・季孫氏の三家の勢力が、非常に強大となり、魯国の政権を完全に掌握して、三家すなわち三桓氏の寡頭政治が成立していた。この三家のうちもっとも強力であったのは、季孫氏すなわち季氏であった。三家はそれぞれ魯国の大臣を世襲していたが、宰相の位には、三家の族長のうちもっとも年長のものが任命され、死ぬまで代らないのが慣例となっていた。孔子が成人となったころには、叔孫氏の昭子が古参のため宰相をつとめていた。しかし季氏一家の実力は、優に他の叔孫氏・孟孫氏の二家に対抗できるほどであったから、その族長であった季平子《きへいし》は、事実上魯国の政治を左右していた。

孔子が三十六歳のとき(前五一七年)に魯の君である昭公が前君の襄《じょう》公のお祭りを行った。襄公の廟で舞楽があげられたが、すっかり衰えてしまった宮廷には、もはや専門の楽団と舞人をかかえておくことはできなかった。この正式の国家の祖先の祭礼というのに、舞人はたった二人しか出ないままで、不ぞろいな舞しかできない。これにひきかえて季氏の家廟の祭りには、八佾《いつ》といって一列八人が八列、合計六十四人の舞人がそろって舞楽を奉納した。

これを見た孔子は、

八佾を庭に舞わしむ。これをしも忍ぶべくんば、なにをか忍ぶべからざらん。(八佾篇)

といって憤慨した。八列六十四人という舞は、周の王室にだけしか許されない正式の舞である。天子から見れば陪臣である季氏が、これを自家の祖先の祭りで舞わせたのである。落目になった魯国の宮廷とはうってかわった季氏の僭上の振舞に、若い孔子が切歯扼腕した有様が、目の前に浮ぶようである。このような君家の衰運と三桓の横暴を、魯国のすべての国民がそのまま見送っていたのではない。この目に余る有様に憤激の情をもやしたものは、孔子一人ではなかった。魯国の国君も、決してこれを坐視していたのではなかった。

この昭公の治世は春秋中期の終りにあたっているが、この時代には、中原の都市国家群では、君主の弑逆や追放がたびたび起った。諸国の侯位継承の紛争は、春秋初期にもめずらしい現象ではないが、初期と中期の内乱との間には、はっきりとした相違点がある。初期の内乱は、まず強力な独裁権をもっていた君主を、自家で占有しようとする貴族間の党派争いであった。中期の内乱は、大臣宰相を世襲する貴族によって、次第にその実権を奪われ、政治的に無力化した君主たちが、この貴族群にたいして最後の反撃を試みようとして、ついにこれに失敗したあげく招いた悲劇であった。

都市国家の君主たちは、自分を貴族、とくにその寡頭政治の下において、この傀儡《かいらい》に甘んずることができず、この寡頭政治をば倒壊しようとする決心を固めるようになったのである。諸侯が、このような希望をもつようになったのには、これを可能ならしめるだけの政治的・社会的情勢が生れていた。このころから、諸都市国家内の社会階級の勢力関係が著しく変化して、貴族階級そのものがもっていた社会的勢力が衰えはじめてきた。そして実力はだんだん知識または武力をもち、この知識と武技とによって貴族に仕えた陪臣である新興の士階級に移りかけてくる傾向が見出される。君主はこの新興の武士あるいは官僚を起用して、旧貴族の独占政権を一挙に奪いかえそうと企てたのである。

孔子が季氏の八佾の舞を奉納したのに悲憤の涙をしぼったときより十三年ほど前の、西紀前五三〇年のことである。季氏の族長を相続した季平子が、季氏の本拠である費の町の町長の位にいた南蒯《なんかい》にたいして挨拶を怠ったことから、非常な不満を抱いた南蒯が、季平子を放逐して、季氏の所領と家財とを没収して、魯の国家に奉還しようと謀ったことがある。この密謀は不幸にして失敗したので、費の町をあげて隣国の斉に帰服しようとして果さず、ついに斉国に亡命した事件が起った。諸侯から貴族に移った政権が、さらにこの時分では新興の士階級の出身者で、貴族に仕えた陪臣たちの手にはいろうとしたのである。いわゆる下剋上の現象が、春秋中期の終りの孔子の成年時代の魯国にも現われてきたのである。

季平子が自分の家廟で盛大な祭典をあげ、周の天子の礼を僭した八佾の舞楽を催して、わが世をほこり、栄華の夢にふけっていたとき、季氏の独裁政権を一挙に顚覆しようとする陰謀が、極秘のうちに進められていたのである。魯の国都では、季平子が、隣屋敷同士であった郈《こう》氏と、闘鶏がもととなって仲違いをしていた。また魯国でかつて賢者とうたわれた臧文仲《ぞうぶんちゅう》・臧武仲《ぞうぶちゅう》などを輩出した臧氏は魯国きっての名族であるが、季氏とは代々親密な関係にあった。臧氏の内輪もめのため逃げた臧曾《ぞうそう》を、季氏がかくまったのが原因となって、季氏と臧氏とが相反目しあうようになった。

曾祖父の季文子と祖父の季武子と二代つづけて名宰相を出し、北方連盟の霸者である晋国の大臣たちと密接な関係を維持し、国の内外に牢固とした勢力をたくわえた季平子は、この自家の権力を頼んだ傍若無人の振舞をつづけたので、その横暴は心ある人士の眉をひそめさせたのである。たとい実力は三桓に劣るとはいっても、推しも推されもせぬ魯国の名族である臧氏などと不和になったことは、不平の公子たちにとっては、まさに乗ずべき大きな間隙を暴露したものといえるであろう。

前五一七年九月のある日、名宰相として魯国の信望を得ていた叔孫昭子が田舎に出たすきをねらって、不平の公子と郈氏とが相結んで兵を起し、季氏の邸に攻めこんだ。不意をつかれた季平子はその一隅の台上に逃げのびた。そこでこれを囲んで集まった昭公をはじめ一味の兵たちとの間に交渉が開かれた。季子は都の郊外に退居しようと請うたが、公は許さない。大臣の位を去って、費の町に隠居しようという条件を出したが、きき入れない。すぐに五乗の車に家財を積んで国外に亡命しようと申し出たが許されない。どうしても季子を生かしておけないというのであろう。

実は、このあたりで妥協して、円満に季平子を下野させて、外遊させておけば、公の企図は完全に成功していたのである。遠謀のある子家子《しかし》という忠臣はしきりに妥結をすすめたのであるが、公はどうしても承諾しない。そのうちに、叔孫氏の留守を預かっていた家老が、家中を集めて演説した。

我は家臣なり、あえて国を知らず。およそ季子あるとなきと、我においていずれか利なる。

とよびかけた。自分たちは魯公の家来ではなくて、叔孫氏の家来である。国のことよりは、叔孫氏の家のことが大切ではないか。こんなことで季氏が滅びて、公が再び政権を握ったとしたら、いったい叔孫氏はどうなるだろうといった。

季氏なきは、これ叔孫氏なきなり。

これは期せずして一同の口からもれた答であった。季子と叔孫氏との利害は大きい目で見れば同じである。ここで季子を助けねばならない。衆議は一決した。直ちに季子救出のために兵を挙げることになった。孟孫氏もたちまちこれに合流した。魯公の烏合の軍隊はこの二家の団結した精兵の反撃にあって、ひとたまりもなく敗散してしまった。

一時は成功するかと見えた昭公のクーデターは、一日もたたないうちに失敗してしまった。昭公は命からがら都から逃げ出して、斉国に亡命せねばならなくなった。これから七年間昭公が斉国に流寓して、ついにここで一生を終るという大事件が起ったのである。魯国では三桓は横暴だといわれてはいたが、幸いに、衰微した公室が全く政権から離れて、その頤使に甘んじていたので、列国に見るような侯位継承の内乱はなかった。まして豪族が国君を虐殺するというような血なまぐさい出来事も起らなかった。公が国民の反対にあって国外に追放されたこともこれが初めてである。まさしく魯国開闢以来の不祥事件が突発したのである。

この年、季氏の庭で八佾の舞が行われたことにたいしてすら、あれほど憤激した正義感にあふれた若い孔子であった。この事件をどんな気持で見たかということは、言を待たないでも明らかであろう。だが魯国の歴史は、まだ無名であった孔子がこのときどんな行動をとったかということに関しては、全く黙して何ごとも書き残していない。

孔子は『論語』のなかで、

夷狄《いてき》の君あるは、諸夏の亡《な》きにも如《し》かざるなり。（八佾篇）

といっている。この本文の読み方については朱子のように、「諸夏の亡きが如きにあらず」と読むのもある。それは、夷狄でも君主が確立しているならば、君主のない中国の国よりはましだろうというのである。語法から見ると、やや無理のように思える。ここで注目すべきことは「君なし」という語である。「君なし」とは、具体的に昭公の斉国亡命以来、七年間にわたっての魯国の大空位時代をさすものに外ならない。

昭公の亡命以後、季平子は侯位を摂政していた。侯のつけるべき玉の飾りを身につけていたので、平子が死んだとき、これを佩《お》びたまま葬るべきか否かが問題となったほどである。このような事態を孔子はどんなふうに見たであろうか。この君のない魯国、そして平然として侯位を摂政している季平子の僭上をば、どうして見過すことができよう。この君のない状態はどうだろう。蛮族でも君長があるというから、ひょっとするとその方がましか知らん。そういう疑問は孔子の胸中にわき上ってきた。それは、抑えても抑えきれぬ疑念である。そして、いっそ、この魯国を逃れ、中原からはなれてその蛮夷の国にも行ってしまいたいという気持さえ動いていたかも知れない。しかし、思いかえしてみると、中華はやはり文化の国である。君主こそ国外に流亡しているが、やはり魯国は自分の故国である。結局において魯国に生き、中国に生きて、これを改革してよりよき魯国に、よき中国に育てるべきではないかというのが、かれの達した結論であったと解釈すべきである。

しかし、季平子の専横は見るにたえない。こんな魯国には一日もおれない。船にのって、海外の夷狄の国にでも逃れてゆきたいというのが、一時の孔子の感情であった。何時のことか『論語』にはその時日を明記していないが、斉国に赴いて、斉景公と問答し、斉の音楽をきいたことを載せている。『史記』の著者である司馬遷が、この昭公の斉国亡命につづく内乱によって孔子は斉国に去ったと考えたのは正しい。孔子はきっと昭公の後を追って斉国に走ったに相違ない。

三　斉国外遊と孔子の学団の形成

孔子はたぶん、昭公の後を追って前五一七年に斉国へ亡命したと想像されるが、いつまで斉国に滞在したか、はっきりしない。この斉国亡命は、孔子にとっては、最初の外国旅行であったから、まだ三十六歳の、感受性の豊かな孔子には、きっと強烈な印象を与えたに相違ない。前にも述べたとおり、魯国は中原から見ると東方に偏在した小都市国家であった。文化的には、かつて桓公のような覇者を出し、また商工業の著しく発達した斉国の首府臨淄《りんし》は、この時代の中華世界において一、二を争う大都市であった。その臨淄に初めて足跡を印した田舎者の孔子にとって、見るもの聞くもののすべてが驚異の種であったらしい。

孔子が斉の国に在留していた時分、古い帝王である舜が作ったと言い伝える韶《しょう》という音楽をきいて、たちまちこれに魅せられ、三ヶ月間、肉を食べても味がわからなかった。『論語』に、

　子、斉に在《いま》して韶を聞く。三月肉の味を知らず。
　図らざりき、楽を為すことのここに至らんとは。（述而篇）

と書いてあって、孔子は、音楽がこれほどまで美しいものだとは自分も知らなかったという感想をもらした。魯国の楽官たちのもとで孔子が習った音楽は、その曲が古風である上、貧弱な楽団による演奏は鄙びたものであったらしい。これとはうってかわって、覇者の豪奢な宮廷に専属する、楽

器・楽人を選りすぐった楽団の演奏の壮麗さは、孔子を完全に圧倒し去ったのであろう。

斉の都で人々が誇らしげに語りきかせる斉の英雄である名相管仲の偉業にも、孔子はきっと耳を傾けたに相違ない。斉の都市文化の全体が孔子の若い魂をゆり動かしたのである。しかし、強い意志をもち、たえず自己を省察する孔子は、やがてこの華やかな都市文明にたいする心酔の夢から目を覚ました。さきの孔子のもらした感想には、三月の間、身も心も奪われた音楽のもつ感覚的な魅力にたいする、軽い反省の情が表わされている。

夷狄の侵入を防ぎとめ、中原の文化を維持した管仲の功績はもとより偉大である。しかし管仲の行動が、もし斉人たちの伝えているとおりであるとしたら、それは決して完全な人格者とするには足りないものではないかという疑いをもって、

管仲の器小なるかな。(八佾篇)

という批判の言葉さえ加えるようになった。そしてついに、

斉一変せば魯に至り、魯一変せば道に至らん。(雍也篇)

という言葉をはいた。斉の華やかな文化も、質素な魯の文化も、見かけほどに異質なものではない。斉の文化も魯の文化も、本質的には、道すなわち周公の創造した文化につながっている。斉はあまりにも現代的に変化しすぎているが、少し修正すれば魯の文化と同一になる

であろう。魯のをもう少し改革すれば周公の文化にもどすことができると考えたのである。魯の文化をすてて、斉の文化をひたむきに摂取してしまったのち、次第に魯の文化をふりかえってその価値を再認識する心境になったのである。

孔子が斉国の文化を見下し、魯国の文化に帰ろうと考えるようになった裏には、さらに大きな理由が横たわっている。かれは三桓の寡頭政治に見切りをつけ、故国を追われた昭公を慕って斉国に逃れたのである。来てみれば斉国の国内情勢は、魯国と大した相違がないというどころか、ずっと悪化していることが、やがてわかってきたろうと推察せられる。春秋中期の斉国の強族は、崔《さい》氏・慶氏・田氏などであった。初めは崔氏の勢力がもっとも強く、崔氏の夫人と斉の荘《そう》公とが密通したのに怒って、前五四八年ついに荘公を殺害した。臣下が君主を殺害したような事件は、魯国ではたえて見られないことである。孔子が斉にはいった前五一七年から数えると、三十年ほど前の出来事であるが、斉国でこの顚末をきかされた孔子は、他国の先君のこととはいっても、自国の亡命の君とひきくらべ、きっと浅ましい世相に慨歎したにちがいない。

しかし崔氏の悪逆には、すぐ応報が現われた。崔氏と慶氏の二家は、斉景公を擁立し、右相・左相となって二家で斉の政治を専断したのであるが、二家の仲がすぐ悪くなり、ついに崔氏は慶氏の攻撃を受け、一門滅亡の悲運にあった。慶氏が宰相を独占して、わが世の春を歌ったのもつかの間で、飲酒・狩猟に耽っているすきに、慶氏の内紛から、田氏を主力とする斉の貴族が兵を合せて慶氏を攻めたため、はるか南方の呉国に逃亡せねばならなくなったのである。

崔氏・慶氏の二豪族が互いに傷つけあって、没落したあとは、新興の貴族である田氏の世となってきた。もちろん聡明な田氏は自家が表面に立たないで、旧貴族との調和をはかるために、人望ある賢人の晏《あん》子を大臣に推したててはいたが、着々として斉国の実権を収め、国君はあってもないと同様で、やがては国君を追い出したり、弑したりすることが容易にできるような潜勢力をたくわえていた。三桓の横暴を見るに見かねて、昭公を追って斉国に亡命した孔子は、ここでは、三桓よりはずっと強力な田氏が斉の国政を独裁して、公室の危機が迫っているのを見たのである。

斉国の内情に幻滅の悲哀を感じた孔子は、やがて斉国を去って、再び魯国に帰ったのである。その年代は前にもいったとおり不明であるが、魯の昭公が斉の国境に近い町で失意のうちに薨去し、魯国で弟の定公が即位して大空位時代に終止符が打たれた前五一〇年前後には、魯国に帰ったであろうと想像される。このとき孔子の年は四十三歳である。自分で、

四十にして惑わず。（為政篇）

と述懐しているとおり、その外遊によって、視野が拡大され、独自の立場をもち、確固とした自信を得てきたのである。

これから約十年前、魯の三桓の一家である孟僖子《もうきし》が死ぬとき、家老に、息子の孟懿子《もういし》・南宮敬叔などに孔子について礼を学問するように、と遺言したといわれている。孔子の学徳を慕って弟子入りするものが、そのころから多少できだしたかも知れない。『史記』にのっている孔子のおもな弟子の年齢から見ると、魯国に帰国した年をかりに前五一〇年として、最年長の弟子である子路の三十四歳についで、閔子《びんし》は二十八歳と推算される。孔子の弟子たちのうちもっとも年のいったものは、すでにこのように成人しているのであるから、帰国後間もなく孔子について弟子入りしたと想像される。孔子を中心とする教団は、晩くとも、この帰国のころには、すでにでき上っていたと見なされるのである。

孔子は、

束脩《そくしゅう》を行えるより以上のものは、吾いまだかつて誨《おし》うるなくんばあらず。（述而篇）

といって、束脩すなわち入門のしるしをもって孔子にお目見得した弟子たちには、自分で親しく教訓を与えたのである。その教育は、孔子みずから、

憤せずんば啓せず、悱《ひ》せずんば発せず、一隅を挙げて、三隅をもって反《かえ》さずんば復《また》せざるなり。(同)

というように、弟子が道を求めて得ず、心の中がもやもやし、問うのも口がもどかしく感じるようになるまでは、こちらから押しつけがましく教えることはしない。本人から自発的に問題を提出するようにしむける。それに答えるのにも、弟子にはただ一隅すなわち一端だけを暗示し、他の三隅は自分の思索により自得するようにする。一々詳細にわたって説明することはないし、自分で類推して一端から全体が理解できない弟子には、二度と教えなかった。文字どおり啓発主義の教育を行った。

ただ『詩』『書』の文句を教え、古代からの伝承をそのまま記憶させる従来の教師とは、全然異なったこの教育方法は、きっと世人の注目をひいたに相違ない。弟子たちは次第に増加してきた。孔子の弟子で姓名のわかっているものは七十七人で、七十子と称されている。そのうち過半数は魯国人で、外国人はわりあいに少数である。とくに前に挙げた子路・閔子など、最初期の弟子たちはみな同国人であった。この教団の基礎ができはじめた時代には、孔子の学者としての名声は、魯国内に限定されていたのである。また弟子のなかで貴族階級にぞくするのは、さきにも挙げた孟氏一家の南宮敬叔と、後に入門した宋の司馬牛の二人にすぎない。あとは孔子と同じような新興の士階級にぞくするものが大部分である。教育によって習得した学術によって、諸侯・貴族に仕えて、その官僚となることを目的としたものが多い。孔子はその仕進を求める弟子たちに、単なる職業教育ではなく、応用的な学問ではなく、人格の修養を第一義として、人間として知らねばならぬ基本的な知識、基礎的な学問を教えたのであった。

四　改革運動への熱意

季平子が昭公を斉国に追放し、七年の長い期間、君主のいない魯国を独裁したのは、三桓氏の勢力が絶頂点に達したことを示すようであるが、一方において季氏らの権力を根柢からくつがえす陰謀が計画されていたのは皮肉であった。季氏の実権が次第に新興の士階級、陪臣たる季氏の家臣の手に帰しかけて、家臣の叛乱が起ったのである。

前五〇五年、季平子が死んだとき、家老の陽虎は、季平子が七年間魯国に摂政していたあいだ佩びていた、魯国の重宝の玉の頸飾を、棺に入れて葬ろうと提議した。この不遜な申し出にたいして、さすがこれを預かっていた一人の家老の中梁懐《ちゅうりょうかい》はどうしてもきき入れない。

この葬礼のことから、季氏は陽虎一派と反対派とに分れて大騒動がもち上った。向う見ずな陽虎は、自己のいうことをきかない相続者の季桓子をはじめ季氏の一族を捕え、魯国の南門前の広場にひっぱり出し、無理に、反対派の重鎮である一族中の名望家公父文伯《こうほぶんはく》らを国外に追放することを誓約させた。

季氏の一族を完全に制圧した陽虎は、季桓子に代って魯国の政治を自分で見はじめた。これまで魯国の国君を抑えて、魯国の国政を壟断してきた三桓氏は、陽虎の足下にひざまずいて、そのいうなりになった。三桓氏の寡頭政治は、今や季氏の家老である成上り者陽虎の独裁政治に変化し、三年間にわたって魯国を支配したのであった。成上り者の常として、増長しきった陽虎は、季氏・叔孫氏一族と家臣中の不平家を語らって、気に入らぬ三桓氏の家長たちを殺して、これを自分の一派のものに代えようという陰謀を企てた。

前五〇二年十月のある日、魯の先祖の祭りをするという口実で季桓子を呼び出し、この祖先の廟の庭で打ち殺そうという計画のもとに、前日に曲阜の都中の戦車に動員令をかけた。何か異変があることに気づいた孟孫氏がまず警戒しだした。当日、陽虎の従弟の陽越が季桓子を馬車に乗せて式場につれ出そうとする途中、桓子は季氏の重代の家臣である御者の林楚《りんそ》をそそのかして、急に方向を変えて孟孫氏の家に飛びこんだ。陽越はすぐ血祭りにあげられ、孟氏と陽虎との軍の激しい市街戦が展開された。孟氏の本拠から上京してきた孟氏の大軍がついたので、戦はきまったが、陽虎は魯公の宮殿にはいりこんで、甲冑を脱ぎ平服にかえ、伝国の神器として蔵されていた宝玉と大弓とを奪い取った上、ゆうゆうとして国都の郊外に一泊し、翌朝、国境の関所を逃げ出し、ついに斉国に亡命した。

孔子はたぶんこの時は魯の国都に在住し、この陽虎の独裁政治を親しく経験したはずである。四十八歳から五十一歳までの分別盛りの孔子は、この独裁政治にたいして、どんな態度をとったであろうか。実はこの陽虎との交渉について『論語』に一つのエピソードが残されていて、それが『論語』の注釈家や孔子の伝記学者の間で問題となり、大論争の種となっているのである。

『論語』の「陽貨篇」は、第一章にこの挿話を載せ、そのため一篇の名がつけられている。

陽貨 孔子を見んと欲す、孔子見《まみ》えず、孔子に豚を帰《おく》る。孔子その亡《な》きを時《うかが》いて往きてこれを拝し、これに塗《みち》に遇《あ》う。

陽貨が孔子を任用しようとして、面会を求めたが、孔子は出ていかない。陽貨は使をして孔子の家に豚の贈物をとどけさせ、その答礼に来るのをつかまえようとした。孔子はこの陽貨の底意を知って、逢わずにすますため、その留守中をうかがって答礼に出かけた。その途

中で偶然、陽貨にぶつかってしまった。陽貨は孔子に向って、

来れ、予《われ》爾《なんじ》と言《かた》らん。……その宝を懐《いだ》いてその邦《くに》を迷わすは、仁というべきか。

ときいた。孔子のような天才を抱きながら、国家に御奉公しないのは、その国に忠実であるとはいえない。それは国民の不安をまねくものだから、仁とはいえないだろうといった。孔子は、

不可なり。

と答えた。やはりこの行動は仁とはいえないと答えた。すると陽貨は、

事に従わんことを好みて、しばしば時を失うは、智というべきか。

とたずねた。外国の斉まで行って、何かと政治運動に手を出しながら、巧く時勢に乗れないのは、どうも智者とはいえまいという。孔子はやはりそうだと答えた。それから、

日月逝《ゆ》いて、歳我が与《とも》ならず。

それなら、日月はどんどんたってゆく。陽貨は自分が在世し魯国の大臣をしている間に、ぜひ出て下さいといった。孔子は、

諾《よし》、吾まさに仕えん。

と答えた。よろしい、仕えましょうと返事したのである。孔子はついに不本意ながらも陽貨

に逢って、かれの強請に反対することができず、とうとうかれの下に仕えることを約束してしまったというのである。

陽貨は陽虎の異名であるとは、古い注釈家の意見である。これによると、孔子は、季氏の家老の成上り者で、しかも横暴をきわめた魯の独裁者に膝を屈して、役人として使われることを承諾したことになる。ことに季氏をはじめとした三桓氏の僭上をあんなにまで攻撃した孔子のような人格者が、おめおめこんな陽虎のような悪漢の手下になることを承諾したのは、とても事実とは受けとれない、陽貨と陽虎とは別人にちがいないというのが、孔子を神様のように考える儒者たちの論法なのである。

しかし、貨と虎とは発音がたいへん近似しているから、陽虎がまた陽貨となまって発音されたと見られる。またこの陽貨の言葉のうちには、魯国の政権を握っているものとしての口吻が、至るところに出ているから、魯国の実権者であることは明らかである。孔子の同時代の魯国の政治家で、陽氏のうちに陽虎以外にこんな言葉をはける人間が、もう一人あると想像することもできない。『論語』のこの篇の原編輯者は、この陽貨を、『左伝』などの歴史に出てくる魯の独裁者である陽虎にあたる人物と意識してこの話を語っていることは、ほとんど疑いをさしはさむ余地がないであろう。

ただ問題になることは、この「陽貨篇」が『論語』のなかでは、もっとも後世に編纂して附加された部分にぞくしていることであろう。このような成上り者の陽虎に、孔子が平気で仕えることを約束したという物語は、ひょっとすると大分後世の儒家たちが考え出した作り話ではないかという疑いが起される。

そんなふうに疑ってみると、この篇のなかには、季氏のために本拠の費の町を治めていた代官である公山不擾《こうざんふつじょう》というものが、季氏に叛旗をひるがえし、孔子を召したところ、孔子は二つ返事で出かけようとした。大義名分を忘れたような孔子の行動に見るに見かねて、子路が引きとめたところ、孔子は、

かれ我を召すもの、あに徒《むな》しからんや。もし我を用うるあらば、吾それ東周を為さんか。

(陽貨篇)

と答えたことが、同じ篇に載せられている。自分が出て季氏の家臣の下に仕えようとしているのは、ほかでもない。自分は、西周の滅びたのちに洛陽に東周が再興したように、今衰微している周の王朝の道を、東方の魯において、東周をたてて再興しようという理想を、この公山不擾によってとげたいと企図しているのだと答えたといっている。

また同じ篇のなかに、晋国の大臣の大家のうちでも、もっとも強力であった趙氏の臣で、

中牟《ちゅうぼう》の城守であった仏肸《ひっきつ》というものが、趙にそむいて衛国に帰したとき、政治家として孔子を招聘した。孔子はすぐに中牟に赴こうとしたので、子路が憤慨してこれを諫め、孔子と問答をかわしたことが書いてある。

魯国では豪族の季氏の家臣の陽虎が季氏にそむいたのに、孔子はしぶしぶではあったが仕えることに同意し、また同じ季氏の家臣で費の城によって季氏に反抗した公山不擾の招きにも、また晋の豪族の趙氏にそむいたその家臣の仏肸の誘いにも、孔子は応じようとしたのである。以上の三例は、諸国で寡頭政治を行っている豪族の家臣たちの叛乱にたいして、孔子はこの叛軍に招かれ、これに加担しようとしたことを示しているのである。

家臣はその家の主人と臣従の誓約をしたもので、国君とは間接的な関係しかない。家臣はあくまで家臣であって、国君の臣、すなわち公臣ではない。であるから、何よりも家の主人のために忠誠を尽すべきであって、家をすてて国のために忠誠を尽すのは、重大な叛逆行為だというのが、同時代の社会的道徳であった。わたくしが、第一章で春秋末期の都市国家の衰頽期には、豪族と家臣との間の忠誠関係が強化され、封建的な臣従関係にまで進みかけていたことを指摘したのは、この点を重視したからである。

しかるに、この「陽貨篇」の三つのエピソードにおける孔子は、いつも家の主人にそむいた家臣に加担しようとして、この同時代の社会的な道徳と完全に矛盾するものとして現われている。これは、周を東方で再興しようという大理想を実行してくれるものなら、どんな人間でもかまわぬ、その人格のいかんを問わず、ただ理想を実現する手段として、利用しようとしたものだと弁明したことになっている。家の主人にそむいた家臣にくみすることは、社会的な道徳に違背する行為であることは認めて、しかも理想を実現するためには、手段としてやむをえないとして、条件つきでこの行為を正当化した孔子をえがいているのである。

しかし、もし本当に周の道を東方で復興し、失われた世界を統一する周王朝を再興できるならば、諸都市国家の狭い君臣関係のようなものを超越せねばならない。家の主人と家臣との間を結んだ忠誠関係のようなものは、さらに低次なもので、もちろんこれを無視しても差支えない、という立場に立つものであろう。家臣は家臣であるよりも、公臣でなければならず、公臣は公臣であるよりも、周の臣でなければならないはずである。そのような徹底した立場に立つものとしての孔子をえがかずに、家臣は家に忠誠を尽すべきだという時代の道徳との衝突になやむ孔子をえがいたところに問題がある。たぶんこの篇の編者や、またそれ以前にこの話を伝えた語り手である弟子たちが、春秋末期から、戦国初年にかけて通用していた封建的君臣道徳の束縛から脱却することができず、孔子の徹底した封建道徳批判の真意を見失ったためであろう。

孔子は魯国においては、季氏をはじめ三桓氏の僭上ぶりに心の底から憤慨し、斉国においては、崔氏・慶氏の横暴を実地に見てかえった。驕るものは久しからず、斉国では崔氏・慶氏が相次いで没落し、魯では、三桓氏の運命は一度ならず危地に追いこまれた。さらに陪臣陽虎の栄華が一朝で凋落したのを目のあたり見て、豪族陪臣の運命のはかないのを知った。しかし、孔子は、

天下道あるときは、礼楽征伐天子より出《い》ず。天下道なきときは、礼楽征伐諸侯より出ず。諸侯より出ずるときは、けだし十世にして失《ほろ》びざるは希《すくな》し。大夫より出ずるときは、五世にして亡びざるは希し。陪臣国命を執るときは、三世にして失びざるは希し。天下道あるときは、政《まつりごと》大夫にあらず。天下道あるときは、庶人議せず。（季氏篇）

といったとされている。周代、とくに春秋時代の歴史について、周道の衰えるとともに、政権が天子より諸侯、大夫、陪臣とだんだん下級の身分のものに移ってゆくとともに、政権をたもっている期間が短くなってゆくことに注意している。この「下論」に出てくる孔子の言葉は、孔子が、魯国の年代記をもととして、時世を批判するように筆を加えて著作したという『春秋』が、戦国時代にはいって、斉国において儒教の学派の経典として非常に尊崇を受

けるようになってから、つくり出された言葉である。

こんなふうに歴史を冷静に客観的にながめ、成上り者の没落のあとをたどってひそかに快哉を叫び、またこの応報物語を弟子たちに語って、訓戒とするような心境には、孔子はよほど晩年になってから到達しえたかも知れない。壮年時代の孔子は、まだ現実には容易に抜くことのできない実力を保持していた魯の季氏や斉の田氏のような豪族を打ち倒し、これによって独占されていた国家の政権を、君主の手に帰すことをば、時代の最大の急務と考え、その実現に努力したのである。

季氏をはじめ、これに類する豪族をば打倒するのが、かれの革新政治の綱領であり、全力をあげてその実現に直進しようとした孔子は、このような政治的な立場をとり、魯国で次第に共鳴者を獲得し、有能な弟子たちを集めて一派の学園をつくり、だんだん名声を得てきていた。季氏の家臣で、一国の政権を握った上、さらに季氏の一門の仲違いに乗じて、季氏をはじめ三桓氏の本家の継承に干渉し、はてはこれを滅ぼそうという計画をたてていた陽虎のことである。かれがこのような政治思想をもった孔子に着目し、これを誘って、自家の強化策に利用しようとしたことは、決して不自然ではなくして、たいへん当然な成行きのように考えられる。これに比較すると、季氏の家臣の公山不擾や、趙氏の家臣の仏肸が孔子を招聘しようとしたというエピソードが事実であるかどうかは、今ではなかなか判定しにくい。しかし家の主人にたいする忠誠をすてて、公室のために尽力せねばならぬというのが、孔子の立場であったことだけは、確かな事実であったのである。

このような立場は、孔子のこの政治思想をもととして、弟子たちによって完成された訓戒的な歴史である『春秋』の核心として生きている。『公羊伝』が、世卿すなわち大臣を世襲することにたいして猛烈な批判を加えたのは、この現われであった。

五　改革運動の失敗

季氏の家老である陽虎が三年ものあいだ魯国の国政を独裁し、ついには三桓氏まで覆滅しようとした一挙は、三桓氏あるを知って公室あるを知らず、ただ季氏の専制にまかせていた魯国の国民に大きな衝撃を与えた。公室にとって見るならば、今までとても手のつけられないほど堅固なように見えた三桓氏の政権が、必ずしも不動のものでなく、国君の手に政権を奪いかえす希望が少しばかり開けてきたことを意味する。三桓氏にとっては、自己の政権がもろくも潰えようとした原因がどこにあるかを、つきつめてみる必要を感じさせた。

しかし何よりも、陽虎の僭主政治によって破壊された魯国の政治・社会の秩序を再建せねばならない。今までの三桓氏がとってきた政策の誤りを清算して、新しい政策をうちたてねばならない。堕落した三桓氏の一門のなかには、遺憾ながら、このような新しい政策を創造することができるような才能に恵まれたものは一人も見出せない。そこで陽虎がその政治的な識見を買って、何とかして自家の臣にしようと苦心して、とうとう仕官する口約だけは確かに得たといわれている孔子の姿が大きく浮び出した。

孔子が初めて魯国に仕えて中都という町の町長になったのは、恐らく陽虎が一敗地に塗《まみ》れて、斉に逃げ出した前五〇一年のことであったろうと推定されている。このときの孔子の年は五十二歳であった。中国の古代社会では、年齢的な階層別が非常に厳格に行われていた。人は四十歳に達すると強《きょう》という階級にはいって、初めて仕官して国家の政治にあずかることができる。五十歳になると艾《がい》といって、老人階級のなかにはいり、大夫の位に上って、多数の官吏の長官となって支配することができるという慣習があった。孔子はこのときあたかも五十歳を越したのであるから、多数の下僚に命令する中都の町長の役、すなわち大夫の役に上ったのをこの年におくのは、この習慣とよく合致するから、この推定はほとんど確かだと見られる。

この翌年には孔子はなお出世したと見えて、魯の定公に従って斉との和平会議に出席している。この会議に斉景公に従行したのが斉の名相晏子である。晏子は、東方の夷人をつれていって、会議中に魯国をおびやかして、不利な条件を押しつけようともくろんでいたが、孔子はこの計を見破って、武器をもって会場にはいろうとした夷人を立ちどころに処罰したので、未然に禍を防いで、魯国の成功裡に会議を終ることができたと、『春秋』の諸伝に記されている。

斉との和平会議に大成功を収めた孔子にたいして、魯国の国民の人望は、にわかに高まってきた。その翌年の前四九九年には、孔子はついに大司寇《だいしこう》という最高裁判官に任ぜられ、なお外交官をも兼任した。魯は長年にわたって晋国を盟主として北方連盟に加盟してきたが、孔子はこの年に、はっきりと連盟から脱退してしまった。実は三桓氏が魯の国政を専制することができた一つの重大な理由は、三桓氏が晋の六豪族の大臣たちに、いつも賄賂を贈って、密接な関係を結び、盟主の威力をかりて魯君を圧迫する政策をとったからであった。孔子が北方連盟から脱退したのは、外交策のためではなくて、一に三桓氏が晋国と結んで、これに魯の内政に干渉させて、自家の地位を固めてきた売国的な行動を禁絶するためであった。孔子の三桓氏打倒策は、この外交政策の転換から着手された。決して魯国の国内事情だけに気を奪われないで、まず国際的な地位の改善を手がけたことは、孔子が単なる魯国の地方的政治家でなくて、国際的な知識を豊富にもち、時流に抜きんでた、政治的識見を備えていたことを証明するものである。

外交策の転換を完了して、三桓氏などの豪族が、晋国を通じて干渉する余地をなくし、国際的な圧力から魯国を解放してから、国内に閉じこめられた三桓氏の勢力を、国内的に処置しようとする策に乗り出した。三桓氏の勢力は、何よりもその私有している軍隊力に依存する。三桓氏の兵力のうち、国都に常駐しているものはそう多数ではなかったかも知れないが、魯国の領土内の要害に位置した各族の根拠地は、季氏の費、叔孫氏の郈《こう》、孟孫氏の郕《せい》のように、どこも堅固に築城工事が施され、多数の兵隊と武器とがたくわえられていた。国都の各家の邸宅が不意打ちされても、すぐにこの根拠地から新手の救援隊を派遣することができる。三桓氏の実力は、究極において、費・郈・郕の城に集中していて、ここに根源があるのである。

孔子は三桓氏の勢力の基礎である三城を、魯国の国君や、あるいは他の大臣たちの強制によっても、なかなかこれを破壊することができないことを熟知している。三桓氏自身の手によって、三城の破壊を行わせねばならない。季氏はその本拠である費城の城守である陽虎が、この武力を背景として、季氏の本家を圧迫し、あわやこれを破滅させようとした苦い経験をなめた。孔子はこれを利用して、三桓氏の悪い家臣の叛乱を防止するためには、この悪人たちの巣となっている費・郈・郕の三城の城壁を撤去して、兵力をよそに分散させるのが、最良の政策であることを説得して、その同意を得たのであろう。

孔子は前四九八年、弟子のなかでもっとも武力に優れた子路を季氏に推薦し、その家臣の頭として、季氏からかれにその本拠である費城の防備施設の撤去を命令させることにした。この計画は巧く運び、まず季氏が費城を破壊し、ついで叔孫氏が自発的に郈城を崩し、残るのは孟孫氏の郕城だけとなった。ところが孟孫氏にとって、郕は魯と斉との国境に近い要地で、魯の北門のようなものである。もし郕の城を破壊すると、斉軍はすぐ魯国の内地に侵入してくることができる。まして郕は孟氏の大切な根拠地である。これを自分の手でこぼつのは馬鹿なことだ、知らぬ振りをして、手をつけてはいけないと教えるものが出てきた。

孟孫氏が自分で郕城の防備を撤去しないので、孔子は定公にすすめて、軍を率いて、それを攻囲して、武力で強制的に城を崩そうとしたのであるが、城の防備は堅固をきわめているため、とうとう落すことができなかった。せっかく、三桓の本城の二つまで自発的にその城壁を破壊させることに成功しながら、いま一歩というところで、孟孫氏の本城だけ残ってしまった。三桓氏はこうなると、今まで信用して使っていた孔子が、実は自分らの家を滅ぼすことを目標としていたことに気づいたに相違ない。歴史には明記されていないが、三桓氏の支持を失った孔子がすぐ政治的に失脚することは必然である。

今まで予定どおり進行してきた三桓氏打倒計画が、最後の場面になって、水泡に帰してしまった。孔子の落胆はどんなであったか、想像に余りがある。しかし孔子はこの失敗で絶望してしまったのではない。かれはその翌年、祖国を見捨てて諸国流浪の旅に出発した。孔子が魯国を追放されたという記事はないから、ひょっとすると、自分から国を離れたのではないかと考えられる。

国際的な知識をもった孔子のことであるから、同時代の列国の内治外交はよく心得ていた。どの国の国君も無力化して、貴族たちの寡頭政治と化している。魯国においてこそ豪族打倒に失敗したが、他の列国において豪族を排撃して国権を回復し、理想の国家を建設したい、そのような希望をもって孔子は旅に出たらしいのである。

六 流浪の旅

孔子が魯国を改革し、三桓氏を打倒しようとした計画が、いま一歩というところで失敗し、失望のすえ祖国を旅立ったのは前四九七年のことである。まず西北の隣国で中原の文化国でもあった衛に赴いて、しばらく足を休めたのち、南下して宋国・鄭国・陳国・蔡《さい》国などの諸国を歴遊し、さらに衛国に立ち寄って、魯国に帰国したのは前四八四年である。この十三年の長期間にわたった孔子の外遊は、孔子にとっては、受難の時代であり、一生を通じて最大の危機に見舞われた時期であった。

司馬遷が『史記』のなかで孔子の伝記を書いたときに、この逆境時代の孔子を非常に強調してえがいたので、後世の伝記家たちは、みなそのあとを追って、この時代の孔子の窮状をあまり大きく見すぎた傾向がある。鄭の城門で弟子たちにはぐれてさまよっていた孔子を見た鄭の市民が、このさまを、「喪家の狗《いぬ》の如し」と評したといっている。葬式を出す家の、主人にかまってもらえず、食を求めてさまよっている犬に形容されているのである。

衛から南下する前に、一度、覇国である晋国に身を寄せようとして、西方に向った途上、匡《きょう》という黄河の渡し場に近い町で、人違いをされて町民から攻撃を受けて、危く一命を落しそうになったことがあった。そのため晋国にはいることを断念して、南方連盟の盟主である楚国を目ざして南下したのであるが、目的の楚国に行きつかないさきに、宋国では桓魋《かんたい》という大将の襲撃を受けて、ここでも生命の危機にさらされた。楚国に行きつかない前に、その衛星国である陳と蔡との国境附近で、何かの理由で立往生し、糧食がつきて七日間絶食せねばならない羽目に陥った。

このように、この十三年の流浪の旅の間に、三度まで生命を危くするような難儀を受けたことは、『論語』にも書かれているから、多少の誇張はあるとしても、これに類する事件に見舞われたことは事実であろう。しかし、孔子の十三年間の各国における生活が、すべて喪家の狗のような乞食生活であったと見てはならない。

斉国との困難な講和会議に外交官として収めた大成功は、列国の間にも語り伝えていたにちがいない。また、たとい最後には失敗したとはいっても、魯国の豪族である三桓氏を圧迫して、君主権を強化しようとした革新政治家としての名声もまた諸国の有識者の耳にはいっていたであろう。孔子が顔回・子路・子貢などの弟子の一団をつれ、車を連ねて乗りこんでゆくと、行先の国で、君主たちは下にもおかずもてなし、宮廷に招いて、かれが経綸を述べるのに聞き入った。衛の霊公はとくに孔子を尊重して、たびたび問答を行っているし、南方では、葉《しょう》という小国の君が孔子と問答を試みている。

あるひとが弟子の子貢に、

夫子《ふうし》のこの邦に至るや、必ずその政を聞けり。これを求めたるか、そもそもこれを与えたるか。(学而篇)

ときいたことがある。あなたの先生はどの国に行かれても、きっとその国の政治にあずかられるが、いったい孔子が君主に求めて政治に関与されるのか、それとも君主から頼まれてそうされるのかと問うた。子貢はこれに、

夫子は温良恭倹譲、もってこれを得たり。夫子の求むるや、それこれ人の求むるに異なるか。

と答えた。孔子は謙遜な人格者であるから、自然にそうなったので、自分の方から求めて政治にあずかったのではないと返事している。孔子が至るところの国で、国君や貴族たちから、政治のことをきかれ、これに意見を述べ、政治の枢機に参じたことは、同時代の人々には驚異の的であったのである。

孔子の外国に在留した十三年間は、決して窮乏に追われる無名の学者の生活ではなくして、王侯貴人の款待に明け暮れた華やかな生活が大部分であったといっても過言でないであろう。王侯貴人たちと接触をつづけ、そのもてなしを受けながら、孔子は決して満足しなかった。かれが諸国の宮廷から宮廷に渡り歩いたのは、単に王侯貴人の饗応を受けるためではなかっ

た。かれの革新的な政治理想を、王侯貴人たちによって実現しようとするための政治運動であった。

諸国の君主たちが争って孔子を招待して、その政治的な主張を聞こうとしたのは、かれが魯国において、非常に目新しい改革を行ったということにたいする好奇心が動機となっている。孔子がかれらにたいして説いたのは、やはり魯国における革新策と同じく、まず貴族の寡頭政治を打倒して、君主権を昔にもどすというのがその基本策であった。各国の君主たちはこれに心を動かしたかも知れない。しかし、各国の貴族たちはこれを喜ばないどころか、心の底で強い反感を覚えた。自己の階級の立場をおびやかそうとする孔子の思想は、貴族階級たちにとっては、この上もない危険思想であったからである。

孔子は列国の宮廷で、見かけは華々しい歓迎を受けたけれども、かれの力説したところの豪族打倒の政治理想は、決して真面目に取り上げられはしなかった。かれが衛国・宋国・陳国で受けた危難の原因は、『論語』やその他の伝記では少しもはっきりとしない。恐らく、孔子の革新的な政治理想、とくに豪族打倒の政策が、各国の豪族たちに衝撃を与えたので、この危険人物をこの世から消し去るため、無頼の徒を煽動したのが、その真の動機であったろうと推察される。

かれは宋・衛・鄭などの小国の朝廷を廻って、この政治上の理想を説いたが、実際的には何らの反応を得ることができなかった。かれは、因襲にとらわれた小国の宮廷生活にあいて、中国を実際に支配している北方連盟の盟主である晋国か、または、これに対立する南方連盟の盟主である楚国にこの理想を説いて、この強大なる盟主の力をかりて、この革新運動を中国の世界全体に及ぼそうとして、両国に入国しようと企てたのであるが、小国の妨害にあって、ついにその志をとげることができなくなった。

衛国から晋国への途上、匡で危難にあったとき、孔子は、

文王すでに没したれども、文はここにあらずや。天のまさにこの文を喪《ほろ》ぼさんとするときは、後死者《われ》はこの文に与《あずか》るを得ざるべし。天のいまだこの文を喪ぼさざらんとするときは、匡人《きょうひと》、それ予《われ》をいかにせん。（子罕篇）

といったといわれる。文王の作った詩書礼楽の道は、今自分がこれを伝えている。天が自分にこの道を伝えさせているのだから、匡の町の人などの手にかかって死ぬはずはないという自信を語っている。孔子は単なる一個人でこの理想を主張しているのではなくして、天から与えられた使命として、この理想を世に実現しようとしているのであるという確かな信念を抱いていたといわれる。

宋国で豪族の桓魋《かんたい》の襲撃を受けたときも、孔子は泰然として、

天徳を予《われ》に存せり、桓魋それ予をいかんせん。（述而篇）

といったといわれる。自分は天から徳を授かっている。天から使命を受けているのだから、俗人たちがどうすることもできないはずだと考えていたことは、かれを父のごとく慕い、十三年の長い外国旅行を通じて、固く団結して孔子に随行したかれの弟子たちが、みな認めていたところである。

かれがこの天の使命を受けて、この世界を改革するために生れたと自信しているにもかかわらず、この世界では、この使命は結局どうしても達成できないことは、もはや明白となった。理性的な孔子は、その客観的な情勢を十分に認識している。この課せられた使命が、自分の生命のあるうちに実現することができないとすると、弟子たちを教育して、弟子たちを通じて後世にこの理想を伝え、そして未来において実現をはかるほかはない。

孔子に随行した弟子たちのなかでも最年少で、好学心の強いこと弟子中一番で、孔子がもっとも信頼している顔回も、もう三十歳をこえた。最年長の子路は六十歳に達しているし、全体がすっかり成人してしまった。いつまでもかれらを流浪の旅に老いさせてしまってはならない。かれはついに魯国に帰国しようと考えだした。

かれの理想をこの世で実現することをあきらめることは、かれにとっては容易なことではなかったであろうが、ついに思い切って決心した。十三年の長い外国旅行の旅から魯国に帰ったとき、定公はとっくに薨去して、代って哀公が即位して十一年目の前四八四年で、孔子は六十九歳であった。七十四歳、前四七九年でこの世を去るまでの五年間、かれは弟子たちの教育と、読み習ってきた『詩』『書』などの古典の整理編纂に全力を傾注したのである。政治家としての孔子は死んだが、ここに教育家・学者としての孔子の最後の活動がつづけられたのである。

結語　哲人の死

孔子は前四七九年になくなった。前にも述べたとおり、孔子の生れた年は前五五二年であるというのと、翌五五一年におくのと両説があって、どちらが正しいかちょっときめかねる。しかし卒年の方は孔子が仕えていた魯国の年代記をもととした『春秋』の哀公十六年の経文に「夏四月己丑、孔丘卒す」と明記した条があるから、まず問題の余地がない。魯国の家老の孟氏に仕えた陪臣であり、一介の貧乏武士にすぎぬ叔梁紇《しゅくりょうこつ》の息子であった孔子の誕生については、ずっと後世にできたらしい伝説が伝えられているばかりである。これに反して三千の門弟を擁したというのは誇張した言であるけれども、その学徳を慕い集まった七十子といわれる多数の有能な弟子たちにとりかこまれ、一代の聖人と仰がれた晩年のことであるから、この哲人の最期については、もう少し詳しいことが記憶されていてもいいはずである。喪礼に関係した故事や孔門のこれにたいする論議を集めた『礼記』中の「檀弓篇《だんぐうへん》」に載せられている話のごときものも、一応は取り上げてみるべき伝承であろう。

孔子の死ぬちょうど七日前の朝のことである。早起きした孔子は、杖をひきずって門前を逍遙しながら、

泰山それ頽《くず》れんか。梁木それ壊《やぶ》れんか。哲人それ萎《しお》れんか。

という詩を歌い、歌いおわると、そのまま戸口に坐りこんだ。顔回なきあと、孔子一門きっての俊才の子貢は、このことを聞きつけて、夫子の病気がいよいよ危いと直感して急に駆けつけた。夫子は「子貢よ。お前を待ちかねていた。夏の代は柩を室の東階の所に置く。殷代では室の中央の両柱の間に置く。周代では西階に置く。それぞれいわれのあること。予は殷の子孫だが、昨夜、両柱の間で供養されている夢を見た。ああ、明天子が現われないで、天下に誰が予を尊ぶものがあろう。予の命も永くない」といった。そして病の床について七日で亡くなったというのである。

この伝説は、漢代の儒者である鄭玄などは、聖人がよく天命を悟ったのを示すものだと解しているけれども、自己を知り自己を用いてくれる明君が出ないのを悲観し、現世に全く絶望したすえ死病の床についたとすると、これははたして一世の聖人にふさわしい、天命を知る従容たる態度といわれるであろうか。このことはこの伝を読むものがまず感ずる疑問である。早く元代の呉澄《ごちょう》は、杖をひきずって門の前を歩き廻ったり、歌を作って死の近づいてく

るのを悲歎し、その歌のなかで自己を哲人と称したりしたのは、天を楽しみ、死生を超越したと思われる聖人の非凡の最期とは受けとれないといっているのをはじめ、この伝説の荒唐無稽を攻撃するものは跡を絶たない。しかしこのような議論は死生を超越した聖人の理想像をいわば恣意的に想定したもので、あまり確実な実証的な根拠をもつものではない。こんな論法にたいしては、孔子は超人的な聖人ではなく、あくまで人間的な聖人である。死生を超越できず、最後まで現世における自己の使命に執着をもち、死にたいする恐怖から脱することができなかったことこそ、夫子の最期にふさわしいという反駁も可能であろう。

ただこういう論者のなかで、崔述《さいじゅつ》の、『論語』に現われた孔子の言葉はたいてい謙遜な辞をつかってあって、自己を聖人とした思い上ったところはないし、義のまさに為すべきところを明らかにし、決して禍福の運命を説いていない。泰山・梁木・哲人をば自己になぞらえ、死の前兆を夢によって予言したのは、孔子の平日の言とは受けとれないという批判は、傾聴に値するものをもっている。少なくともこの物語の中心をなしているあの歌は、夫子の自作とは考えられないことだけは何人も認めるところであろう。そしてこの偽作にかかるところの孔子の歌を中心として構成されている孔子の死時予知の伝説が、孔子の直弟子である七十子ないしはその後学の徒の間において漸次形成された説話であることも、あるいは否定すべからざる事実であるかも知れない。この話が一個の説話であるとしても、このような説話が七十子や後学の間で成立しえたのには、何らかの理由があるはずであるから、ここでわたくしが問題としたいのは、この説話の成立を可能にした歴史的背景なのである。

この説話を特徴づけているのは、さきにも言及した、孔子が現世にたいして抱いた深刻な絶望の意識である。このような絶望の意識は、まず人生と社会にたいする激しい煩悶からひき起されてくる。これは一見すると、

吾十有五にして学に志し、三十にして立ち、四十にして惑わず、五十にして天命を知る、六十にして耳順い、七十にして心の欲するところに従って矩《のり》を踰《こ》えず。（為政篇）

という夫子が自ら述懐した晩年の運命の諦観から抜け出た自在の心境とは、かけはなれているようにも考えられる。それにもかかわらず、わたくしが夫子の晩年の心境にはこの絶望の意識に近いものが巣くうていたのではないかと感じるのは、あれだけ多くの門弟たちに囲繞されていながら、なお孔子の言語動作に寂莫の感情がほの見えるからである。この寂莫観は何よりも夭折した愛弟子顔回への追憶において、はっきり現われている。夫子の血を分けた長子伯魚と相次いだ顔回の早逝はいたく孔子を落胆させ、その受けた衝動が夫子の死期を早めたのではないかと想像されるくらいであった。伯魚・顔回の卒した年代ははっきりとはわ

からないが、孔子が長い流浪の旅から魯国に帰国したのち、すなわち孔子の歿年の数年以前の出来事であったらしい。魯の哀公に弟子のうち誰が学問好きかときかれて、

顔回なる者あり。学を好み、怒りを遷さず、過ちを再びせず。不幸短命にして死せり。今や則ち亡《な》し。未だ学を好むものを聞かざるなり。（雍也篇）

と答え、孔門中もっとも好学として許して追慕の念を催している。

夫子の顔回にたいする信頼のあつかったことは今さら説くまでもないほど周知のことである。孔門のなかでその才智学力においてかれとくらべられるのは子貢であるが、子貢は師から回とどちらが優っているかと問われて、

何ぞあえて回を望まん。回は一を聞いてもって十を知る。賜《し》や一を聞いてもって二を知るのみ。（公冶長篇）

と答えている。さすが俊敏なる子貢も顔回には一歩も二歩も譲っているのである。孔子はこれにたいして、

如《し》かざるなり。吾と汝と如かざるなり。

と同感しているから、夫子さえ回に一歩を譲ると自覚している。それほどであるから、孔子は自己の抱いている思想をよく了解し、学問の真髄を理解するものは、顔回一人であると許

していたのである。

たぶん顔回の死後のことであろう。一日、孔子は、

我を知るものなきかな。（憲問篇）

と歎声を発したことがある。侍座した子貢はすぐ、

何すれぞ子を知るものなき。

と反問した。子貢の気持は、自分こそ夫子を理解しているのに、知るものなしといわれるのは、はなはだ意を得ないというのであろう。夫子はまた顔回を追憶されているのかともいう、軽い嫉妬心も混っているのかも知れない。孔子は事実回のことをなつかしがっていたのかも知れないが、話は全く一転して、

天を怨まず、人を尤《とが》めず、下学して上達す。我を知るものはそれ天か。

という答であった。自分を知り、自分の才能を認めるもののないこと、それは天を怨むわけにも、人をとがめるわけにもいかない。ただ学問に精を出せば、自然に天に通ずる。自分を知るものは結局は天であろうかといったのである。

ここで孔子が天を引合いに出したことは、実は非常に深い意味をもっている。というのは子貢は何時のことか不明であるが、

夫子の文章は得て聞くべし。夫子の性と天道とを言うは得て聞くべからず。（公冶長篇）

といっている。孔子の文章とは具体的にいうと孔子が弟子に読ませた『詩』『書』の経、その実習を課した礼楽に外ならないというのが注釈家の説明である。夫子は弟子たちに詩書礼楽というような具体的な教えはしたけれども、この経と儀礼とをはなれて、人間の本性、世界を支配する天の摂理は、かつて説かれたことがないといっているからである。

まことに孔子は、人間の本性と天の摂理とを正面から問題としなかったという子貢の述懐には誤りはないであろう。天道をばここでかりに天の摂理と訳しておいたが、実は古代の中国人はユダヤ教のごとく、万物を支配する唯一の至上神としての神格をもった天神をはっきりと意識し、それを信仰したのではない。天道とは、漢代および清代の注釈家たちによると、日月五星などの天体の運行にともない、地上の自然界および人間界が吉凶禍福の報いを受けるという占星術的な信念である。人格をもち意志をもった至上神である天ではなくて、自然神としての天の運行の意味が問題とされていたのである。この運行と人事との連関の法則を明らかにし、この予兆によって吉凶の運命を予知しようというのが、古代中国の方術家すなわち呪術師の特技であったが、孔子はこのような方法に賛成しなかったのである。

怪力乱神を語らなかった夫子はこのような占星術的信仰や、あるいはシャーマニズム的な呪術をば絶対的に排撃したのであるが、夫子をして宗教ないし呪術にたいしてこのような態度をとらしめたものは、孔子の時代を支配していた合理主義的な精神の影響であった。

前にも述べたとおり、知とは何であるかという弟子の問にたいして、

民の義を務め、鬼神を敬して遠ざかる。（雍也篇）

と答えた孔子は、知識を獲得するための方法として、何よりも宗教的なものからの解放を必要とすると考えたのである。このような宗教的なものを排斥した理由は、弟子の子路に鬼神すなわち祖先の霊および神にたいする祭祀奉仕を問われて、

いまだ人に事《つか》うるあたわず、いずくんぞよく鬼に事えん。（先進篇）

といい、死を問われて、

いまだ生を知らず、いずくんぞ死を知らん。

と答えた夫子は、死後の世界の生活のような不可知のものを不可知として一応それを後廻しとしておいて、現在の生の経験についてその意義を明らかにしようとしたからである。現在の生についても、

多く聞いて疑わしきを闕《か》き、慎みてその余を言えば、尤《とが》め寡《すくな》く、多く見て殆《うたが》わしきを闕き、慎みてその余を行えば、悔寡し。（為政篇）

といっている。できるだけ見聞を広め経験を豊富にし、そのなかから疑わしいものを省くというのである。これは一応処世論として、生き方についての箴言として語られたものではあるけれども、そのなかにはおのずから知識を構成するやり方、すなわちかれの学問の方法論が表明されていると考えられる。かれはまた、

知れるを知るとなし、知らざるを知らずとせよ。これ知るなり。(同)

ともいっている。かれは暗いもの、理性にとって不明なものをできるだけ排除し、理性にとって疑う余地のないものだけで知識を構成しようとするのである。つまり、神秘的なものをすてて合理的なものをとり出そうとするのであるから、かれはともかく一つの合理主義の立場に立つものであったと見なされる。ただ、具体的に見ると、かれにおける疑わしきものが必ずしも理性、ことに近代の理性にとって疑わしきものであり、かれが知れるものとしたのが必ずしも近代理性にとって自明なものばかりであったとは、あながちに言い切ることはできない。かれは、

述べて作らず、信じて古《いにしえ》を好む。(述而篇)

といっているから、古の道すなわち伝統的なものこそ自明のものであり、価値あるものであるという伝統主義的な傾向を濃厚に保有してはいたのである。しかし一方、

三年父の道を改むるなきを孝というべし。（里仁篇）

といって、三年を過ぎれば、父祖の残した伝統を改めてもよいとするのであるから、伝統の革新をば絶対的に禁止しているものではなくて、かえってその合理化と革新の必然を認め、これに情誼にもとらないように修飾を加えたまでであった。

かれの合理主義は神秘主義を排するといっても、宗教一般にたいして絶対的不信の意を表するものではない。

その鬼にあらずして祭るは諂《へつろ》うなり。（為政篇）

といって、その鬼すなわちわが家の祖先以外の神を祭ることを排しているから、一方において氏族の宗祖神の伝統的祭祀をばそのまま保存することをさまたげるものではなくて、封建的祭儀の純粋性保存のために、巫師による新興宗教の浸潤を防止しようとしたのであった。しかし学問的には宗教的な問題は保留しておいて、考察の対象とすることを忌避したというのが、『論語』の言葉の表面に現われた孔子の態度であったのである。

最後に魯国に帰って教育家としての生活にはいるまでの孔子は、政治家として、豪族の打倒、君主権の強化に全力をささげ、その政治的な理想を現世に実現しようと努力してきた。そこでは、現在そのものに即した活動的な生活だけがあった。しかし、かれが政治家としての生活に絶望し、現世での理想の実現を思い切って、教育家・学者として、理想を弟子たちに教え、また理想をえがいた書物を編纂して後世に伝え、後世において理想の実現を期そうとすることになると、未来というものが現在よりもずっと大きな意味をもってこなければならない。

政治家として活動してきた孔子にとっては、そう遠い未来のことは問題ではなかったかも知れない。しかし、教育家・学者としての孔子にとっては自己の死後の、遠い未来のことが問題となってきたのである。もちろん、前半生の孔子にとっても、未来は決して全然没却されていたのではないが、この晩年に至って、より切実な問題となってきたのである。

孔子はだんだん未来のことを考えるようになった。今までは未来のことを予知しようとする神秘主義などは、全然問題としていなかったのであるが、今や孔子にとって、重要な問題となってきた。しかしこの問題は、はたして、弟子たちに語っても、十分理解してくれるであろうか。未来を語ること、それは当時の言葉では「天命」を語ることであった。子貢たちがいったように、孔子は今までほとんど口に出して、天命を語ったことはなかったのである。だから天命のことを弟子たちに語ろうとしても、誰もこのことを問題としてくれるものがない。弟子たちに問われないことを自分から語ることは、孔子は決してしなかった。孔子は語

ろうとして口をつぐんで、

予《われ》言うことなからんと欲す。(陽貨篇)

といった。何もいいたくないということは、実はいいたいことがあるが、いえないということだ。

弟子の子貢は、

子もし言わずんば、小子何をか述べん。

と、もし先生がいって下さらねば、弟子たちは何も説明する種がなくなるではないかといったところが、

天何をか言わんや。四時行われ、百物生ず。天何をか言わんや。

と答えた。孔子は天のことをいいたかったのであるが、天道は、四季の運行、万物の生成によって、自然に現われている。これを説明するのは、実は神秘主義を説くことになるといって、さけたのである。これは晩年の孔子の心境をある程度まで示したものと見られる。

孔子は子貢のような有能な弟子たちにさえ、天命を語ろうとして、語らない。だから弟子たちは、先生は、何かわれわれに語られない問題をもっていられるのではないかと疑問を生ずるようになってきた。そこで孔子はやむをえず、

二三子、我をもって隠せりとなすか。吾爾《なんじ》に隠すことなし。（述而篇）

と答えざるをえなくなったのである。この弟子たちに隠していることこそ、天命、天道の問題であったと想像することは、決して無理ではないであろう。

孔子は弟子たちの教科書としていつも『詩』と『書』とを用いた。『論語』の載せている孔子の言葉に引用されている古典は、この『詩』と『書』とばかりである。『詩』『書』は殷・周両王朝の宗廟・宮廷で奏される頌歌や、帝王の出した詔勅などを集めたもので、体系的な本ではなく、形而上的に天命を問題として、その説明をしたものではない。

儒教の古典としては、このほかに『易《えき》』と『春秋』とがあるが、この二経は『論語』に載せた孔子の言葉のなかには、これを引用した箇所が見当らない。『春秋』と『易』とは孔子が自分で手を入れて編纂したものでなく、弟子や孫弟子の時代に編輯されて本となったのであろうと推定されている。『易』は未来のことを卜《うらな》う筮《ぜい》という呪術の参考書がもととなってできた本であり、『春秋』は孔子が魯国年代記に筆を加えて、悪人をこらし、善人をほめ、さらに未来に実現されるべき理想の政治制度をそのなかに暗示したものだといわれている。この二つの書に共通することは、いずれも未来を語り、天道を問題とする書物であることである。天道を問題とした晩年の孔子が、ひそかに手掛りとしたのが、この『易』と『春秋』との二経であり、それは最後まで弟子に説明されないで残ったものが、孔子の死後、大分時代がたってから、発見され、教科書として採用されるようになったのではないかと考えられる。

孔子は三桓氏のような悪人が栄えるこの現実の世界をば、そのままで肯定したのではなくて、この三桓氏によって代表される一般の豪族を打倒して、君主権を強化することが理想であった。この理想はこの世界では実現できないためその実現を未来に託さざるを得なくなった。この未来に理想を託した書物が、とくにこの『春秋』であった。そこには世卿をそしり、豪族が大臣を世襲して、独裁的な政治を行っていることにたいして、痛烈な批判が下されている。『春秋』の底には、孔子の、豪族の専制を打破しようとして果しえなかった理想が、ひそんでいるのである。

孔子の晩年における思想の変化は、子貢のような明敏な弟子たちにも気づくことができなかった。まして晩年の孔子に初めて入門した若い子張・子游・子夏などの弟子たちにはさらに理解することができなかったので、孔子は理解されないために非常な寂莫感を抱きながらこの世を去ったのである。しかしかれの思想は、その手がけていた『春秋』が世に出はじめるようになって、だんだん世間にひろまっていった。都市国家の貴族政治を打破し、君主権を強化する政治的理想は、戦国時代に勃興してきた七国の官僚国家の組織のなかにとり入れられ、秦・漢帝国の中央集権的な官僚国家の基礎理論となった。孔子の教えが、漢帝国において国教として採用されたことは、この孔子の理想が、三百五十年の未来において、完全な勝利を博したことを意味するものである。

附録

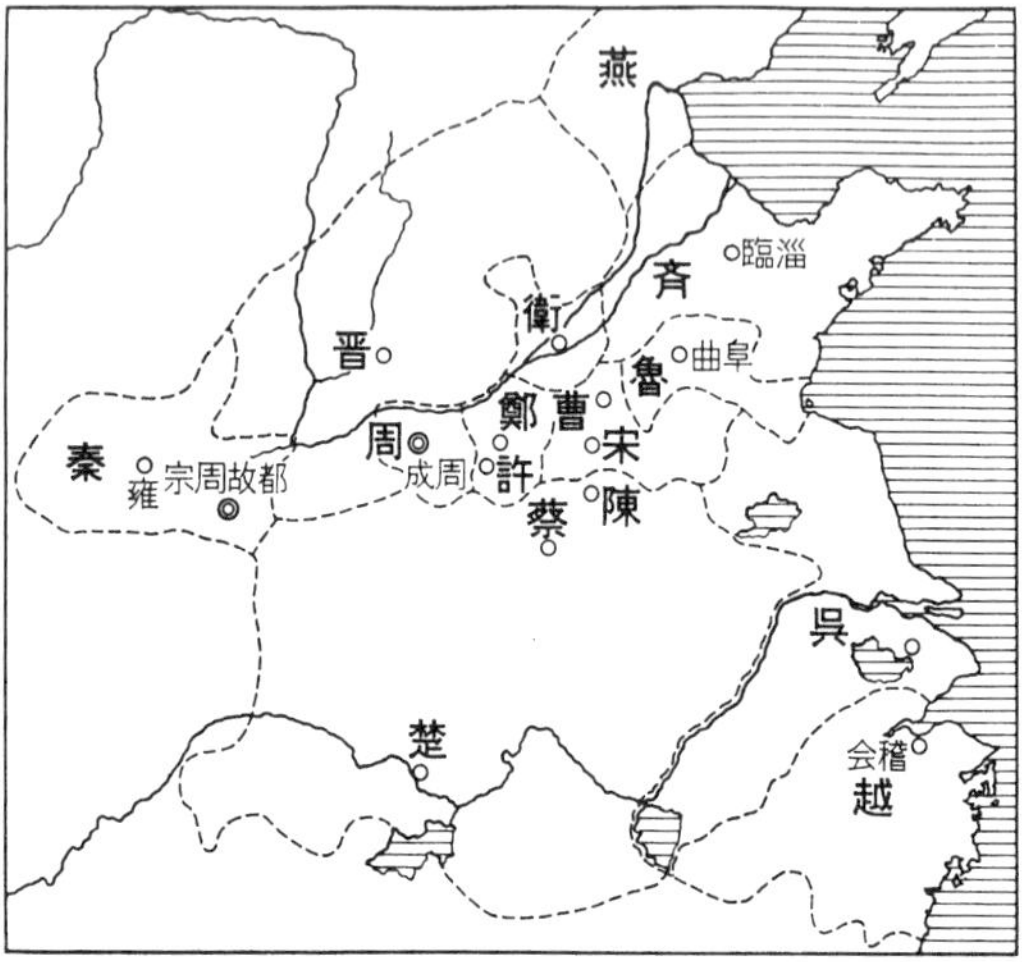

春秋時代の列強

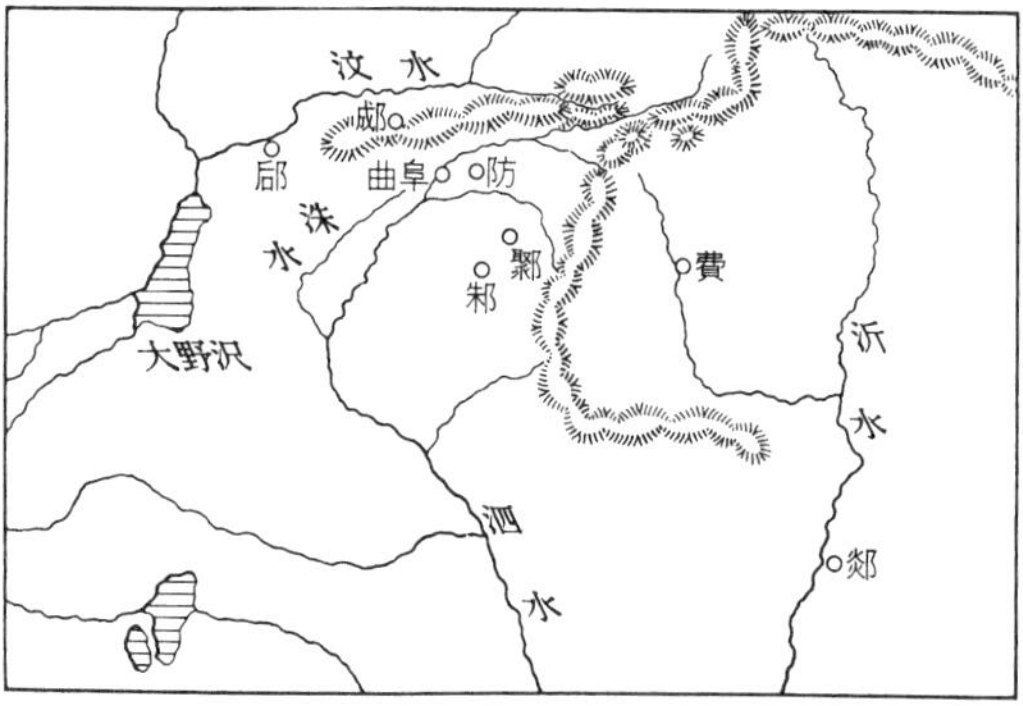

魯国とその近傍

年表

西暦紀元前	周	魯	時事	孔子
十一世紀後半			殷王朝が滅亡して、周王朝が代り、西周時代始まる	
十世紀初			周公の子伯禽、曲阜に封ぜられ、魯国を建てる	
七七〇			周王朝が陝西省西安から河南省洛陽に東遷し、東周時代始まる	
七二二	平王、四九	隠公、一	春秋時代始まる	
七一〇	桓王、一〇	桓公、二		孔子の祖先(?)孔父嘉、宋国の内乱で殺害される
六八五	荘王、一二	荘公、九	斉桓公の覇業	
六四四	襄王、八	僖公、一六		
六三六	襄王、一六	僖公、二四	晋文公の覇業	
六二八	襄王、二四	僖公、三二		

五六三	霊王、九	襄公、一〇		孔子の父叔梁紇、偪陽の役で武功をたてる
五五六	霊王、一六	襄公、一七		叔梁紇、防の役に斉軍の囲みを衝いて魯軍に連絡する
五五四	霊王、一八	襄公、一九	鄭の子産、卿となる	
五五二	霊王、二〇	襄公、二一		孔子の誕生
五四六	霊王、二六	襄公、二七	晋・楚二連盟、宋で和平を盟う	
五四三	景王、二	襄公、三〇	子産、正卿となる	
五三八	景王、七	昭公、四		孔子十五歳、学に志す
五三七	景王、八	昭公、五	魯の三桓氏、国軍を三分して私軍に化す	
五三六	景王、九	昭公、六	子産、成文法を銅器に鋳る	
五二五	景王、二〇	昭公、一七		孔子二十八歳、郯子、魯に来朝し、これに古代の官制を質問する
五二二	景王、二三	昭公、二〇	子産、死去する	

五一七	敬王、三	昭公、二五	三桓氏、魯昭公を攻め、斉に亡命させる。魯の空位時代始まる	孔子三十六歳、公を慕って斉に外遊する
五一三	敬王、七	昭公、二九	晋国、成文法を鉄器に鋳る	
五一〇	敬王、一〇	昭公、三二	魯昭公、外地で薨去する	孔子四十三歳、この前後、魯に帰国する
五〇九	敬王、一一	定公、一	魯定公即位し、空位時代終る	
五〇五	敬王、一五	定公、五	魯の陽虎、季桓子を強要して盟わせる。陽虎の専制始まる	孔子四十八歳、このころ、陽虎、孔子を任官させようとする
五〇二	敬王、一八	定公、八	三桓氏、陽虎を攻めて追う。陽虎の専制終る	孔子五十一歳、このころ、季氏の宰公山不擾、孔子を召す
五〇一	敬王、一九	定公、九	陽虎、斉に逃れる	孔子五十二歳、このころ、魯国に就職する
五〇〇	敬王、二〇	定公、一〇	魯、斉国と夾谷に会盟する。斉の晏子、死去する	孔子五十三歳、夾谷会盟に外交使節として随行し、

				功をあげる
四九八	敬王、二二	定公、一二	魯定公、孔子の政策を用いて三桓氏の居城を破壊しようとする	孔子五十五歳、三桓氏打倒不成功に終る
四九七	敬王、二三	定公、一三		孔子五十六歳、外遊、衛国に赴く
四九四	敬王、二六	哀公、一	魯哀公即位	孔子五十九歳、この前後、衛国を去って陳国に行く
四八四	敬王、三六	哀公、一一		孔子六十九歳、このころ、魯に帰国する
四八二	敬王、三八	哀公、一三	晋・呉二連盟、黄池に会盟する	
四八一	敬王、三九	哀公、一四	魯哀公、狩して麟を獲る。春秋の末年とする	
四七九	敬王、四一	哀公、一六		孔子七十四歳、薨去

参考文献

孔子について書かれた本は、昔から非常にたくさんあって、一々挙げていくときりがない。ここでは著者が日ごろ読んで益を受けたものや、この本を書くにあたって参照した本だけをしるして、孔子についてさらに研究してみたいと思われる人々の手引にする。

孔子の伝記

孔子の伝記のうちで、もっとも古いのは、第二章で紹介した漢代の史家司馬遷の『史記』中の「孔子世家」である。『論語』や『左伝』などの断片的な記事を寄せ集めて、見事に孔子の人間像を描き出した、孔子伝記中での最大傑作である。これ以後にできた無数の孔子の伝記は、残らずこれをもととして、多少尾鰭をつけたにすぎない。いうまでもなく著者もこの「孔子世家」にすべてを負っているといっても過言でない。『国訳漢文大成』または『漢籍国字解全書』の『史記』のなかや、また藤原正氏訳『孔子伝』(岩波文庫)などによって邦訳で読むことができる。

司馬遷は中国における歴史学の父であるが、かれの時代には歴史学は科学として十分に発達していなかった。その材料にたいする注意が十分行き届いていないため、この「孔子世家」は、現在の史学から見ると、かなり訂正を要する点をふくんでいる。本当に歴史的に真実な孔子の伝記を書くためには、まずこの「孔子世家」に批判的な研究を加えなければならない。中国でこのような試みをしたのは崔述(一七四〇―一八一六)の『洙泗《しゅし》考信録』『同余録』である。蟹江義丸博士の『孔子研究』の第一篇「孔子の事蹟」には、崔述はいうに及ばず、和漢の学者のこの種の研究をよくとり入れているから、これについて見られたい。蟹江博士の著述は力作ではあるが、なにぶん明治三十七年の著作であるから、その後における学界の進歩から取り残された遺憾がある。わたくしは最近の研究のなかから、中国の銭穆教授の『先秦諸子繫年』の第一巻を特筆しておきたい。孔子の伝記自体の研究としては、類書中の白眉であるからである。

論語

『史記』の「孔子世家」の主要な史料はいうまでもなく孔子の言葉を集めた『論語』である。孔子の伝記や、思想について、さらに研究を深めようとすると『論語』の史料的な価値が問題となり、『論語』という書物の成立を明らかにしなければならない。『論語』は孔子が思想を自分で体系的に著述したものではなくて、門弟たちが記憶していた孔子の言葉を、後に寄せ集めたものである。その編纂の年代がまず問題となってくる。武内義雄博士の『論語之研究』(岩波書店)は、このような文献学的研究の極致をなすものである。津田左右吉博士の『論語と孔子の思想』(岩波書店)は、武内博士に反対の立場をとって、『論語』の史料的価値を極度に懐疑しているのは、やや矯激に失した傾向があるが、この二書を比較して読めば、中国の古典を文献学的に研究することの困難さを知るとともに、文献学的研究の興味をそそられるであろう。『論語』の読み方については、今まで漢代の注釈家、いわゆる古注派と、宋以後の解釈学者、いわゆる新注派と二派の解釈が対立している。武内博士の『論語』(岩波文庫)の訳が主として古注派の説によられたにたいして、倉石武四郎教授の『論語』(日光書院)は、新注の代表である宋の朱熹の注を国訳したものである。この二つの邦訳を対照して読むことによって両注の特徴を知ることができる。岡田正三氏の『論語の探究』(山口書店)は新古二派の伝統から脱した自由訳として一読の価値がある。

史料の吟味がすんだのちに、はじめて正しい孔子伝を書くことができる。蟹江博士の『孔子研究』は、明治時代において、従来の和漢の研究を集大成した名著であった。その学術的な価値は、今でも決して落ちない。しかし前にいったように最近の研究が抜けているのと、漢文をそのままで引用し、その表現が古風であるため、現代の読者には読みづらい欠点をもっている。和辻哲郎博士の『孔子』(福村書店)は、武内博士の『論語之研究』の文献学的研究の成果を巧みに利用して、この上に立って近代的な孔子伝を書いたものである。これは蟹江博士の本の逸していた『論語』の文献学的批判の欠陥を補うものであり、第一に推薦すべき好概論である。これを手引として『論語』の研究にはいることができる。

漢文で書かれたものとしては、銭穆教授の『論語要略』(商務印書館)は、蟹江博士の本を、中国の現代学界の水準の上に立って、近代化したもので、推賞に値する。銭氏のこの著述は、孔子の伝記と思想とを、孔子の生れた時代の社会と思想とに連関させて叙述しているのは、新しい行き方を示したものであるが、遺憾ながら、今まで邦訳がない。林語堂氏の『孔子伝』は、前著のような確固とした学的地盤をもったものではないが、さすが当代一流のエッセイストらしい軽妙な才筆である。中国人の孔子観の一面をうかがうことができる。もとは英文であるが、昭和十五年に国訳が刊行されている。ただしこのエッセイストの描いた孔子の人間は、あまりサロン風にユーモリスト化されているので、少し線が細すぎる嫌いがある。

欧文で書かれたものには、古くは Legg の四書の訳につけられた序説が権威とされていた。その後、各国の学者によって、多くの伝記が書かれたが、米国の Creel 博士の *"Confucius"* は、米国一流の中国古代史家の筆になる、たぶん和・漢・欧を通じた最新の好著といってよいであろう。博士のこの近代的な孔子伝では、孔子があまりにも進歩的な政治思想家となりすぎた観があるのが、その欠点である。

銭穆、クリール氏などは孔子の思想をその時代の思想界、社会情勢と連関して説いているが、梁啓超氏の『支那古代政治思想史』(創元社)はこの先鞭をつけたものである。中国の哲学史家である馮友蘭教授の『中国哲学史』の孔子に関した部分は、とくにこの点に力を注いでいる。『古代思想史』(冨山房)として邦訳されているから、この方面に興味をもつ人は、中国古代社会史の権威である郭沫若氏の『天の思想』(岩波東洋思潮講座)、『歴史小品』(岩波書店)や、さらに左翼的な立場に立った呂振羽氏の『古代政治思想史』(邦訳)などとともに並読されることを、お勧めする。孔子の生れた春秋時代の社会経済史は、中国の経済史家の間に、その立場によってさまざまな見解が対立して、まだ帰一するところを知らない状態にあるため、一応各派の立場に通じておく必要があるからである。わたくしの見解もまたその一つの立場に立つものにすぎない。

あとがき

孔子の個人の伝記ではなくて、孔子の生きていた時代を書くのが、書き始めたときの狙いであった。孔子の生れや、幼少年時代の環境を細かに書いてゆくうちに、あまり個人的なことにこだわってしまって、孔子のぞくした新興の士人階級一般の性格がはっきりしなくなったのは失敗であった。前半生に筆を費し過ぎて、後半生を十分に書く暇がなくなったのも遺憾であった。

じつは後半で、小都市国家が次第に併合されて、都市国家の連盟から、領土国家が生れ出す過程を明らかにしたいと考えていたのであるが、ついにこれを宿題として残さねばならなくなった。この過程をば、孔子は果してどんな眼で眺めていたであろうかということは、面白い課題である。春秋末期は、南方の呉・越の二蛮族が、南方連盟の盟主となって、中原に進出してきた時代であった。孔子の光栄ある祖国は、この蛮夷の民族の下風に屈せねばならなかったのであった。これが孔子の政治思想にどんな影響を与えたかということは、大変興味がある問題であろう。これらに説き及べなかったことも遺憾の一つである。

孔子のような偉人については、書くべきトピックはあまりに多すぎる。書いても書いても書き尽せない感じがする。孔子の思想を、中国古代における啓蒙思想として見ようというのが著者の観点であった。都市国家の宗教のなかにあって、孔子はいかにして学問に目覚めたかという問題については、かなり詳細に説明した積りである。孔子における学問の自覚が成立する過程は、これによってある程度まで説明しえたと信じている。

この伝記を書くことを勧められた友人吉川幸次郎君と桑原武夫君は、また原稿を閲読していろいろと有益な注意を与えられた。懶惰な私がこの書を完成し得たのは、一に両君の絶えない慫慂の賜である。

一九五一年二月六日

貝塚茂樹

貝塚茂樹

1904-1987年
1928年京都大学文学部東洋史科卒業
専攻—中国古代史
著書—『毛沢東伝』『諸子百家』『中国の歴史 上中下』(以上岩波新書)『中国古代史学の発展』『古代の精神』『中国古代のこころ』『古い中国と新しい中国』『中国の古代国家』『神々の誕生』『史記』『論語』『孫文と日本』『孟子』ほか

孔　子　　岩波新書(青版)65

1951年 5 月15日　第 1 刷発行 ©
1977年12月20日　第36刷改版発行
2017年10月20日　第60刷発行

著　者　貝塚茂樹《かいづかしげき》

発行者　岡 本　厚

発行所　株式会社 岩波書店
〒101-8002 東京都千代田区一ツ橋 2-5-5
案内 03-5210-4000　営業部 03-5210-4111
http://www.iwanami.co.jp/

新書編集部 03-5210-4054
http://www.iwanamishinsho.com/

印刷・三陽社　カバー・半七印刷　製本・中永製本

ISBN 4-00-413044-1　　Printed in Japan

岩波新書新赤版一〇〇〇点に際して

ひとつの時代が終わったと言われて久しい。だが、その先にいかなる時代を展望するのか、私たちはその輪郭すら描きえていない。二〇世紀から持ち越した課題の多くは、未だ解決の緒を見つけることのできないままであり、二一世紀が新たに招きよせた問題も少なくない。グローバル資本主義の浸透、憎悪の連鎖、暴力の応酬――世界は混沌として深い不安の只中にある。

現代社会においては変化が常態となり、速さと新しさに絶対的な価値が与えられた。消費社会の深化と情報技術の革命は、種々の境界を無くし、人々の生活やコミュニケーションの様式を根底から変容させてきた。ライフスタイルは多様化し、一面では個人の生き方をそれぞれが選びとる時代が始まっている。同時に、新たな格差が生まれ、様々な次元での亀裂や分断が深まっている。社会や歴史に対する意識が揺らぎ、普遍的な理念に対する根本的な懐疑や、現実を変えることへの無力感がひそかに根を張りつつある。そして生きることに誰もが困難を覚える時代が到来している。

しかし、日常生活のそれぞれの場で、自由と民主主義を獲得し実践することを通じて、私たち自身がそうした閉塞を乗り超え、希望の時代の幕開けを告げてゆくことは不可能ではあるまい。そのために、いま求められていること――それは、個と個の間で開かれた対話を積み重ねながら、人間らしく生きることの条件について一人ひとりが粘り強く思考することではないか。その営みの糧となるものが、教養に外ならないと私たちは考える。歴史とは何か、よく生きるとはいかなることか、世界そして人間はどこへ向かうべきなのか――こうした根源的な問いとの格闘が、文化と知の厚みを作り出し、個人と社会を支える基盤としての教養となった。まさにそのような教養への道案内こそ、岩波新書が創刊以来、追求してきたことである。

岩波新書は、日中戦争下の一九三八年一一月に赤版として創刊された。創刊の辞は、道義の精神に則らない日本の行動を憂慮し、批判的精神と良心的行動の欠如を戒めつつ、現代人の現代的教養を刊行の目的とする、と謳っている。以後、青版、黄版、新赤版と装いを改めながら、合計二五〇〇点余りを世に問うてきた。そして、いままた新赤版が一〇〇〇点を迎えたのを機に、人間の理性と良心への信頼を再確認し、それに裏打ちされた文化を培っていく決意を込めて、新しい装丁のもとに再出発したいと思う。一冊一冊から吹き出す新風が一人でも多くの読者の許に届くこと、そして希望ある時代への想像力を豊かにかき立てることを切に願う。

（二〇〇六年四月）

哲学・思想

(2017.8)　(J)

岩波新書より

宗　教

- パウロ　十字架の使徒　青野太潮
- 弘法大師空海と出会う　川﨑一洋
- 高野山　松長有慶
- マルティン・ルター　徳善義和
- 教科書の中の宗教　藤原聖子
- 『教行信証』を読む　親鸞の世界へ　山折哲雄
- 国家神道と日本人　島薗進
- 聖書の読み方　大貫隆
- 寺よ、変われ　高橋卓志
- 親鸞をよむ　山折哲雄
- 日本宗教史　末木文美士
- 法華経入門　菅野博史
- イスラム教入門　中村廣治郎
- ジャンヌ・ダルクと蓮如　大谷暢順
- 蓮如　五木寛之
- キリスト教と笑い　宮田光雄
- 密教　松長有慶
- 仏教入門　三枝充悳
- モーセ　浅野順一
- イスラーム(回教)　蒲生礼一
- ヨブ記　浅野順一
- 聖書入門　小塩力
- 慰霊と招魂　村上重良
- 国家神道　村上重良
- お経の話　渡辺照宏
- 日本の仏教　渡辺照宏
- 仏教〔第二版〕　渡辺照宏
- 禅と日本文化　鈴木大拙　北川桃雄訳

心理・精神医学

- モラルの起源　亀田達也
- トラウマ　宮地尚子
- 自閉症スペクトラム障害　平岩幹男
- 自殺予防　高橋祥友
- だます心だまされる心　安斎育郎
- 痴呆を生きるということ　小澤勲
- 快適睡眠のすすめ　堀忠雄
- 精神病　笠原嘉
- やさしさの精神病理　大平健
- 生涯発達の心理学　高橋惠子　波多野誼余夫
- 心病める人たち　石川信義
- コンプレックス　河合隼雄
- 日本人の心理　南博

岩波新書より

世界史

ロシア革命 破局の8か月　池田嘉郎
天下と天朝の中国史　檀上寛
孫文　深町英夫
古代東アジアの女帝　入江曜子
新・韓国現代史　文京洙
ガリレオ裁判　田中一郎
人間・始皇帝　鶴間和幸
袁世凱　岡本隆司
二〇世紀の歴史　木畑洋一
イギリス史10講　近藤和彦
植民地朝鮮と日本　趙景達
シルクロードの古代都市　加藤九祚
中華人民共和国史〔新版〕　天児慧
物語 朝鮮王朝の滅亡　金重明
新・ローマ帝国衰亡史　南川高志
近代朝鮮と日本　趙景達
マヤ文明　青木和夫

四字熟語の中国史　冨谷至
李鴻章　岡本隆司
新しい世界史へ　羽田正
パル判事　中里成章
グランドツアー 18世紀イタリアへの旅　岡田温司
マルコムX　荒このみ
パリ 都市統治の近代　喜安朗
ノモンハン戦争 モンゴルと満洲国　田中克彦
中国という世界　竹内実
ウィーン 都市の近代　田口晃
空爆の歴史　荒井信一
紫禁城　入江曜子
ジャガイモのきた道　山本紀夫
北京　春名徹
創氏改名　水野直樹
溥儀　入江曜子
フランス史10講　柴田三千雄
地中海　樺山紘一

多神教と一神教　本村凌二
奇人と異才の中国史　井波律子
古代オリンピック　桜井万里子・橋場弦 編
ドイツ史10講　坂井榮八郎
ナチ・ドイツと言語　宮田光雄
離散するユダヤ人　小岸昭
現代史を学ぶ　溪内謙
アメリカ黒人の歴史〔新版〕　本田創造
上海一九三〇年　尾崎秀樹
サッチャー時代のイギリス　森嶋通夫
ゴマの来た道　小林貞作
文化大革命と現代中国　安藤正士・太田勝洪・辻康吾
ピープス氏の秘められた日記　臼田昭
中世ローマ帝国　渡辺金一
モロッコ　山田吉彦
シベリアに憑かれた人々　加藤九祚
インカ帝国　泉靖一
中国の隠者　富士正晴

岩波新書／最新刊から

1668 **親権と子ども** 榊原富士子・池田清貴 著
離婚時の親権を巡る争い。虐待から救う時の「壁」にもなる親権。弁護士としての経験とともに、子どもの視点を盛り込みながら解説。

1669 **ゲノム編集を問う** ―作物からヒトまで― 石井哲也 著
「ゲノム編集」とは何で、何が問題なのか。規制と推進とで揺れる中、農業・医療におけるその可能性と課題をあぶり出す。

1670 **戦争をよむ** 70冊の小説案内 中川成美 著
物語の中で生き続ける、戦時下の人びとの葛藤と苦しみ、そして悲しみ。戦前回帰の予感のなかで、戦争の文学を再読する。

1671 **町を住みこなす** ―超高齢社会の居場所づくり― 大月敏雄 著
人びとのライフステージごとの暮らしの変化に柔軟に対応できる町のあり方とは？「住めば都」の必要条件を考える。

1672 **〈ひとり死〉時代のお葬式とお墓** 小谷みどり 著
火葬のみのお葬式、新しい人間関係から生まれる共同墓……。死後を誰に託すのか。具体的な事例とともに、これからを考える。

1673 **中原中也** 沈黙の音楽 佐々木幹郎 著
存在の不安がみなぎる作品の数々は、どこからきたのか。生誕一一〇年、没後八〇年。最新資料から見えてきた、詩人の息づかい。

1674 **一茶の相続争い** ―北国街道柏原宿訴訟始末― 高橋敏 著
俳人小林一茶、こと百姓弥太郎。その異母弟との骨肉の争いを語るものは少ない。巧みに隠された「弥太郎」の本性を明るみに出す。

1675 **日本文化をよむ** 5つのキーワード 藤田正勝 著
西行の「心」、親鸞の「悪」、長明の「無常」ほか5つのキーワードから、日本文化の根底にあるものの見方、美意識のあり方を描く。

(2017. 9)